Una clase magistral
de panadería y repostería

Matthew
Jones

Panes, masas y postres clásicos

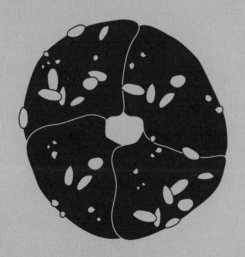

Contenidos

14
Panes

70
Masas enriquecidas

100
Repostería y tartas

132
Masa de hojaldre

176
Dónuts y rellenos

Introducción 07
Hacer un buen pan 10

Ingredientes 11
Notas 12

192
Pasteles

218
Galletas

228
Postres

250
Dulces de Navidad

266
Mermeladas y conservas

Índice 282
Agradecimientos 287

Introducción

La panadería Bread Ahead nace en 2013, pero mi trayectoria se inicia mucho antes. Siempre me ha apasionado la elaboración de panes y pastas, y fue una suerte crecer en un hogar donde se solían preparar. Mi madre nos servía fabulosos postres que sigo admirando. Así que, de forma natural, me incliné por este oficio. En 1986, a los 15 años de edad, empecé mi carrera como chef del Thackeray's House, en Tunbridge Wells, Inglaterra. Aquellos primeros años siguen siendo la fuente de mi trabajo y mi pasión por la cocina. He tenido el privilegio de trabajar con algunos de los chefs más innovadores del Reino Unido en diversos restaurantes de referencia. Cada persona y cada lugar me han formado como pastelero y panadero.

Cuando surgió la oportunidad de ocupar un puesto en el mercado londinense de Borough, supe exactamente qué iba a crear. Fundé Bread Ahead a partir de unos principios que me enorgullece decir que siguen vigentes: tradición, calidad y estacionalidad. Apostamos por unos procesos de fermentación lentos al elaborar los panes y masas madres: eso supone más trabajo y un gran conocimiento, pero los resultados superan el esfuerzo con creces. Nos gusta ceñirnos a recetas tradicionales, inspiradas en el trabajo de obradores británicos y europeos. No somos dados a las modas, nos van las buenas masas sin estridencias. Por supuesto, cada temporada marca la pauta de lo que hacemos. Rodeados como estamos de los productos frescos que ofrece el mercado, no es difícil sacar inspiración de la selección de frutas y verduras que van desfilando a lo largo del año. Procuramos aplicar estos principios a las escuelas de pastelería y enseñar a los panaderos domésticos a respetar el proceso, adoptar técnicas tradicionales usando productos de temporada.

En definitiva, esto es lo que he intentado plasmar en este libro. Las siguientes recetas, que reúnen toda esta filosofía, son una colección de mis favoritas, probadas y validadas en la escuela de pastelería y preferidas por nuestros clientes.

El pasado año de pandemia y confinamiento fue un momento de nuestras vidas que tendrá un efecto duradero. No obstante, para muchos (en mi caso, sin duda) ha sido una ocasión para reflexionar sobre lo que más nos importa. He tenido la fortuna de poder emplear este tiempo para reconectar con la pastelería casera. Puede sonar raro, pero fue un momento ideal para crear platos en mi cocina para mi familia que quizás no funcionarían a gran escala en la panadería. Recuperé recetas que no había preparado ni comido en años. Resultó un viaje nostálgico. Compartir estas recetas por Instagram me reveló que otros también conectaban a través de la pastelería casera, y finalmente creé una nueva dinámica de trabajo para Bread Ahead. Confeccionamos una serie de libros digitales con algunas de nuestras recetas clásicas y otras nuevas, que fueron acogidos con gran éxito. Entonces supe que era el momento de escribir este segundo libro.

Nuestras escuelas de pastelería son una parte importante de lo que somos y hacemos en Bread Ahead. Empezamos con una mesa en el establecimiento de Borough en 2014 y ya disponemos de cinco aulas repartidas por Londres. Nuestras escuelas ofrecen a los alumnos desarrollar sus habilidades y confianza. Espero que las orientaciones del presente libro ejerzan el mismo efecto y te animen en tu viaje como pastelero. Mi consejo fundamental para el repostero doméstico es la importancia de la paciencia y la práctica. Mantén tu compromiso y obtendrás grandes resultados. Llevo más de 30 años de pastelero y sigo aprendiendo cosas nuevas cada día.

Abrir la escuela de panadería y repostería Bread Ahead en línea fue otro enorme paso que nos abrió al público global. Durante el confinamiento de 2020, iniciamos una serie de tutoriales en directo a los que se conectaban miles de aficionados de todo el mundo a la misma hora cada día durante meses. Fue una de las experiencias más interesantes de mi vida como pastelero. Me impresionó no solo el entusiasmo por la actividad, sino también el nivel que tantos panaderos «caseros» alcanzaron. En los últimos 18 meses, hemos construido una comunidad mundial de entusiastas de la pastelería. Me conmovió el hecho de que una humilde panadería londinense uniera a tantas personas de todas partes en un momento en que no podíamos conectar físicamente. Con los talleres en línea observamos que los alumnos han forjado amistades, compartido trucos y se han animado mutuamente. Este mundo de pastelería digital ha sido una empresa muy gratificante.

Algunas cosas siempre serán iguales en Bread Ahead. Vivimos para la tradición. Navidad, Pascua, Día de Lammas… son momentos que dan forma al calendario y, claro está, a lo que horneamos. Nuestro enfoque siempre será artesano. Algunos aspectos del negocio evolucionarán, pero como panaderos caseros y profesionales hay cosas que se hacen a mano, como la limpieza, y no cambiarán.

Nuestra misión como escuela de Bread Ahead consiste en alimentar la confianza del pastelero doméstico. No te enseñamos a leer recetas, sino a desarrollar tu intuición pastelera. Aunque sí te animamos a seguir recetas como fórmulas y cimientos sobre los que construir. Cada capítulo del libro ofrece recetas de diversa complejidad y que requieren niveles variados de habilidad. Recomendamos empezar por las más básicas e ir avanzando hacia las más complejas a medida que se adquieren los conocimientos y habilidades. Pero no dejes que eso te impida tirarte de cabeza a la piscina. Si una receta concreta te llama la atención, ve a por ella. La pasión y el entusiasmo siempre dan buenos resultados.

He aquí algunos factores claves que recordar al seguir el libro. Lee siempre las recetas unas cuantas veces antes de empezar: te sentirás más preparado y relajado. Mira cuánto tiempo requieren y planifícate. Pesa los ingredientes y dispón todo lo necesario antes de comenzar. Estos son tus primeros pasos hacia el éxito. Los utensilios e ingredientes también determinan el resultado –la mantequilla que uses, el tipo de harina, la eficiencia del horno–, de modo que debes conocer tu cocina y tus ingredientes. Para terminar, explora tu propia creatividad. Estamos aquí para guiarte, para que tomes estas recetas, las domines y luego las personalices.

Hacer un buen pan

El compromiso

A mi parecer, la pastelería es un modo de vida. Me siento afortunado de haber encontrado este oficio por muchas razones. Sí, en gran medida soy un loco de la pastelería (lo primero que hago cuando viajo es buscar una panadería y ver qué se cuece ahí: normalmente entonces entablo una interesante conversación con un alma afín a la mía), pero conviene recordar que este oficio es artesano y, como todas las artesanías, requiere dedicación, práctica y paciencia. Mi experiencia me enseña que cualquier persona es capaz de aprender a cocer un buen pan. Se trata de seguir los principios y las normas básicas del juego. Aprendido esto, estás en el buen camino.

Preparación

Es un aspecto clave. Muchas recetas se preparan en dos pasos. A menudo se emplea masa madre o prefermento, que debe prepararse el día anterior. Así se activan las células de la levadura para que se desarrollen deliciosos sabores. Es un proceso que requiere tiempo y para el cual no hay atajos.

Pesar los ingredientes

Es otro paso obligado. No hay otra manera, ni para el panadero más experimentado, de saber cuánta agua o sal precisa una receta. Todas nuestras recetas se pesan en gramos (incluso los líquidos) con balanza electrónica. Si trabajas en una panadería, comprobarás que se trata de una parte fundamental del proceso en cualquier parte del mundo. Para obtener los mejores resultados, pesa siempre los ingredientes.

Cuando se dan medidas de volumen, utiliza un juego de cucharas medidoras adecuado. Todas las medidas de cucharada o cucharadita son rasas a menos que se indique lo contrario.

Temperatura

El calor –o la falta de éste– es uno de los problemas más comunes con que puedes encontrarte. En especial al preparar masas pequeñas (1 kg/2 lb 4 oz, o menos), es crucial mantener la temperatura a 24 °C (75 °F) o un poco más para activar la levadura; de lo contrario no leudará, hagas lo que hagas. Debes tener en cuenta la temperatura final en la fase de amasado. Tiene que estar entre 24-27 °C (75-80 °F). Es aconsejable emplear un termómetro de cocina para comprobar el interior de la masa.

«Agua a temperatura ambiente» también puede llevar a engaño, por lo que conviene usar el termómetro. Puede variar entre 16-24 °C (60-75 °F), según el lugar. En caso de duda, te aconsejo optar por más calor que menos, para asegurarte de que la levadura se active. Te recomiendo 24 °C (75 °F) como «temperatura ambiente» ideal.

Texturas

Otro problema habitual al principio es dejar las masas demasiado secas. No temas si queda algo pegajosa. Con unas pocas horas de pliegues y reposo, te sorprenderá ver que una masa floja se transforma en algo elástico y flexible. Solemos demostrar esta técnica en las clases de panadería italiana, donde trabajamos masas con un 80 % de humedad; encontrarás la descripción en la página 28. Recuerdo la primera vez que vi este método: me pareció extraordinario, casi como una forma de alquimia.

Tiempo

También vale la pena recordar que casi todas las masas precisan un tiempo para desarrollarse y reposar entre paso y paso. Es otro punto clave que no debe forzarse ni hacerse con prisas.

Ingredientes

Mantequilla

Siempre usamos mantequilla sin sal, ya que así podemos controlar la cantidad de sal en nuestros productos.

Para laminar masas, procura utilizar la mantequilla de mejor calidad que encuentres. La francesa presenta un elevado contenido de grasa y es ideal para masas laminadas. El sabor de un cruasán hecho con mantequilla francesa es algo único.

Huevos

Empleamos huevos medianos, a menos que se indique otra cosa. Consideramos que un huevo mediano pesa unos 50 g (2 oz). Siempre pesamos los huevos para obtener los mismos resultados. A grandes rasgos, la yema pesa unos 20 g (¾ oz), y la clara, unos 30 g (1¼ oz).

Agua

Algunos panaderos son muy específicos al indicar el tipo de agua a utilizar, pero nosotros creemos que el agua del grifo ya va bien.

La mayoría de nuestras recetas de pan indican el uso de agua a temperatura ambiente (unos 24 °C/75 °F). Así la masa se mantiene caliente y se favorece el proceso de fermentación. Algunas recetas indican el uso de agua fría, o si vives en un clima caluroso puedes emplearla para retrasar la fermentación.

Sal

Es importante usarla sin refinar y sin aditivos: ya posee los minerales necesarios para el pan. Si utilizas sal para dar sabor o textura, por ejemplo, en la focaccia, usa sal marina en copos, tipo Maldon, para un buen acabado.

Leche y nata

Cuando se añaden lácteos a las recetas, deben ser con toda su grasa, por su sabor, textura y una experiencia gustativa placentera. No hay que escatimar con eso. En algunos casos, las recetas simplemente no salen como se espera si se usan productos bajos en grasa. Los rellenos para dónuts o la crema pastelera, por ejemplo, quedarán algo deslucidos sin la riqueza de la leche o nata enteras.

En la mayoría de casos, es posible cambiar sin problema la leche de vaca por alternativas vegetales. Las leches de almendra y de coco son fantásticas para recetas dulces. La bebida de soja presenta una buena textura para la base de una crema pastelera o natillas, pero experimenta a placer.

Harina

La mayoría de recetas se elaboran con harina blanca de fuerza. En ocasiones, usamos harina blanda (para bizcochos), con menos contenido en gluten (cámbiala por harina multiusos si no tienes otra). Llevamos años trabajando con harinas Marriage's, por varias razones. Primero, porque la consistencia lo es todo, en especial cuando se hacen miles de panes. También procuramos comprar productos de proximidad y Marriage's se encuentra a tan solo 60 km y se enorgullece de moler los mejores trigos de la zona. Casi todos los panaderos mantienen una estrecha relación con su proveedor de harina, al tratarse de una parte tan fundamental del proceso. La experiencia me ha enseñado que es provechoso conocer bien un tipo de harina y trabajar con ella. Es un producto con personalidad, de modo que cuanto más tiempo se le dedique, mejor es la relación que se establece. ¡Yo conozco muy bien mi harina!

Notas

Utensilios

- Balanza electrónica (digital)
- Cucharas medidoras
- Robot amasador o varillas eléctricas
- Cuencos para mezclar (diversos tamaños)
- Cucharas de madera
- Batidores
- Rasqueta de panadero
- Espátula de silicona
- Bandejas para hornear
- Moldes para pan (diversos tamaños)
- Moldes para pastel (diversos tamaños)
- Moldes de silicona
- Tapetes y forros de silicona
- Cacerola de hierro fundido o cerámica
- Cestas de fermentación
- Recipientes de plástico con tapa
- Pincel de repostería
- Rodillo
- Rejillas enfriadoras
- Gorros de ducha (opcional)
- Trapos de cocina
- Papel vegetal
- Papel film transparente
- Cortapastas (diversos tamaños)
- Freidora o sartén de base gruesa
- Pulverizador de agua
- Mangas pasteleras
- Coladores de malla fina
- Tarros de mermelada con tapa
- Termómetro de horno y para azúcar
- Cuchillos afilados

Hornos

Cada horno es único y a veces cuecen a temperaturas algo distintas de las que marcan. Eso puede provocar un exceso o falta de cocción. Debes conocer bien tu horno y saber si se calienta más o menos de lo que indica, o si tiene rincones más calientes. Recomendamos utilizar un termómetro para saber la verdadera temperatura del horno: así podrás ajustar los mandos para conseguir la temperatura que señalen las recetas. También es aconsejable rotar los productos en su interior para que se cuezan uniformemente.

Las recetas se han probado en un horno con ventilador. Para hornos convencionales, hay que aumentar la temperatura 20 °C, o consultar el manual del fabricante. Encontrarás una tabla de conversión en la página 287. Los lectores que usen hornos de convección deben consultar los manuales para convertir las temperaturas.

Robot amasador o varillas eléctricas

Amasan y trabajan pastas y masas de forma rápida, pero no te preocupes si no dispones de ellos. Para hacer puré o batir, utiliza una cuchara de madera o una espátula firme, y un batidor de globo para montar. Tardarás un poco más y tu brazo lo notará, pero el resultado será el mismo.

Rasquetas de panadero

Son herramientas en las que vale la pena invertir. Las rasquetas, de forma rectangular, normalmente con un borde curvo y otro recto, sirven para dividir masas, rascarlas de las superficies y ayudar a amasarlas. Al trabajar el pan, en lugar de espolvorear harina sobre la masa para que no se pegue a la encimera, usa una rasqueta para rascar la que se pegue y volverla a incluir en la bola de

masa. Son particularmente útiles para masas muy húmedas, como la de la focaccia.

Esterilizar tarros de cristal

Lava los tarros y las tapas en el lavavajillas con agua y jabón. Acláralos bien, colócalos boca abajo sobre una bandeja de horno forrada con papel vegetal y sécalos 10 minutos en el horno precalentado a 160 °C con ventilador (350 °F/gas 4). Manéjalos con cuidado.

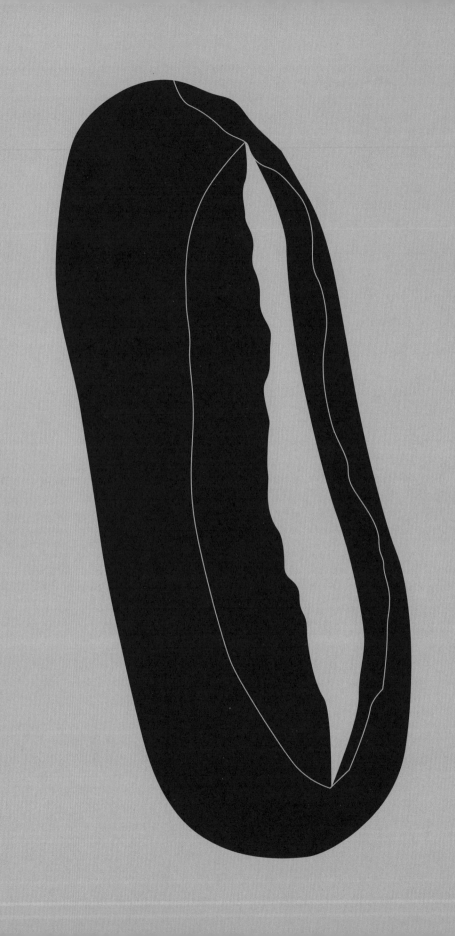

uno

Panes

Masa con levadura

En un mundo ideal, usaríamos masa madre para todos los productos elaborados con levadura. En el mundo real, la levadura de panadero ofrece un resultado fiable sin el largo proceso de preparación de la masa madre. La levadura de panadería comercial, además, posee la consistencia y resistencia necesarias para las masas enriquecidas. Cabe destacar que el azúcar, los huevos, las especias y la sal ralentizan la actividad de la levadura. Por este motivo, las masas enriquecidas, como las del brioche o los dónuts, suelen requerir más levadura.

Consejos sobre el uso de levadura de panadero:

- Tiempo de fermentación: cuanto más tiempo fermente la masa, menos levadura requiere.
- Como norma, cuanto más largo sea el proceso, mejor sale el producto (¡hasta cierto punto, claro!). Una buena medida de tiempo es un reposo de una noche (12 horas), para que la masa coja sabor. Existen dos tipos de levadura seca y ambos funcionan bien:

  Levadura seca activa: se añade al agua en la receta (recuerda: activa = agua).

  Levadura seca instantánea: se añade a los ingredientes secos (recuerda: instantánea = ingredientes).

- Si deseas calcular cuánta levadura seca necesitas para sustituir la levadura fresca, la norma es que solo precisas la mitad; así, 10 g de levadura fresca = 5 g de levadura seca.

Amasado

No existe una manera correcta y una incorrecta para amasar el pan. En nuestras escuelas enseñamos varias técnicas. Lo único que siempre recuerdo a los panaderos nuevos y experimentados es la importancia de la práctica. Nada sustituye los conocimientos obtenidos con la experiencia. Prueba estos métodos, pero –créeme– enseguida te saldrán de forma natural.

Amasado tradicional

El método tradicional, el que casi todo el mundo conoce, consiste en empujar la masa sobre la superficie de trabajo con la parte carnosa de la palma de la mano, para estirarla bien y fomentar el desarrollo de las hebras de gluten. Tras estirarla, agarra la parte superior de la masa y dóblala sobre sí misma para devolverla al punto de inicio (con la mano o con una rasqueta si es muy pegajosa). Repite hasta que la masa tenga consistencia. Es un buen método para principiantes y para comenzar a desarrollar una barra de pan.

Golpear y doblar

Este método también nos gusta. Es un buen sistema para incorporar mucho aire a la masa. Funciona bien con masas relativamente muy hidratadas (porque son poco consistentes para estirarlas sobre una superficie).

Agarra la parte superior de la masa y elévala por encima de la superficie de trabajo hasta tus hombros [foto 1, página siguiente].

Luego, «golpéala» sobre la superficie, doblando la parte superior sobre sí misma [fotos 2, 3 y 4].

Sigue estos pasos hasta que notes que se vuelve elástica y suave. Normalmente se sabe que se ha trabajado suficiente la masa cuando se nota suave y tensa, y deja de «rasgarse».

Pliegues

Empleamos variedad de técnicas de plegado en el capítulo dedicado a los panes. Es con diferencia la mejor manera de desarrollar el gluten en masas con mucha hidratación (focaccia, chapata o masa madre).

Esta sería una serie completa de pliegues:

Pellizca la parte derecha de la masa con los dedos y tira de ella hacia arriba, doblándola sobre sí misma hacia la parte izquierda. Repite la acción de izquierda a derecha, de delante hacia atrás y de atrás hacia delante. Deja reposar la masa entre series; eso es crucial para que se forme el gluten.

Stitching

Nos referimos a este método en la receta de barra rústica de la página 50. La técnica se suele emplear para recetas con masa madre y es una manera sencilla de dar forma al pan, darle tensión a la superficie y sellar la barra. Es como envolver un bebé con un arrullo.

    Pon la masa ante ti (en forma de rectángulo). Empezando por arriba, recoge cada lado de la masa hacia el centro, cerrando con «puntadas» [ver foto arriba]. Continúa en dirección descendente hasta sellar toda la masa a lo largo.

Masa con levadura

Pan blanco de molde

Este pan es esencial para los bocadillos tipo sándwich y para las clásicas tostadas del desayuno, deliciosas untadas con mantequilla y mermelada. El pan de molde de Bread Ahead sigue un proceso más tradicional que sus homólogos de supermercado. Lo más importante es la fermentación larga y lenta que potencia su sabor.

Para el prefermento

- 2 g (⅓ de cucharadita) de levadura fresca o 1 g (⅓ de cucharadita) de levadura seca activa
- 50 g (3 cucharadas) de agua caliente
- 80 g (3 oz/½ taza) de harina blanca de fuerza (panificable)
- 2 g (⅓ de cucharadita) de sal marina fina

Para la barra

- 370 g (13 oz/2 ⅔ tazas) de harina blanca de fuerza (panificable)
- 6 g (1 cucharadita) de sal marina fina
- 4 g (¾ de cucharadita) de levadura fresca o 2 g (¾ de cucharadita) de levadura seca activa
- 230 g (1 taza escasa) de agua fría
- aceite vegetal, para engrasar (opcional)
- sémola o más harina, para espolvorear (opcional)

Día 1

Para el prefermento, añade la levadura fresca y el agua caliente a un bol y mezcla hasta su disolución. Si usas levadura seca, lee las instrucciones del envase: deberás mezclarla con la harina y luego añadir agua o hidratar antes la levadura con agua.

Añade la harina y sal al bol y mezcla hasta que se forme una pasta. Cubre y deja la pasta a temperatura ambiente 2 horas, y luego refrigérala 12-24 horas.

Día 2

Pon la harina y la sal en un bol y mézclalas.

En otro bol, añade el prefermento y la levadura al agua fría y mezcla.

Forma un hueco en la harina y vierte el líquido en él. Con cuidado, forma la masa. Cuando empieces a obtener la masa, pásala a la superficie de trabajo. No añadas harina.

Estira la masa sobre la superficie con la palma de la mano y trabájala durante 8 minutos. Notarás la masa más elástica y aterciopelada. Dale forma redonda y devuélvela al bol. Cubre la masa y déjala a temperatura ambiente 1-2 horas, y luego refrigérala 12-24 horas.

Continúa en la página siguiente →

---

3 días
Sale 1 barra grande

Día 1
Preparación - 5 minutos
Reposo - 2 horas
Refrigeración - 12-24 horas

Día 2
Preparación - 15 minutos
Fermentación - 1-2 horas
Refrigeración - 12-24 horas

Continuación →

Día 3

Saca la masa del bol: así liberará aire y se acelerará la acción de la levadura. Dale forma redondeada, cúbrela de nuevo y déjala reposar al menos 10 minutos.

Enharina abundantemente un cesto de fermentación o engrasa ligeramente un molde metálico de 900 g (2 lb).

Dale la forma deseada y colócala en el cesto o molde. Cúbrela y déjala fermentar a temperatura ambiente 1-2 horas. Sabrás que está lista presionándola suavemente con el dedo. Si recupera la forma, está a punto; si queda la marca, todavía no.

Precalienta el horno a 230 °C con ventilador (475 °F/gas 9) o al máximo de su potencia.

Si ha fermentado en un cesto, mete en el horno una piedra de hornear (o una bandeja bocabajo) para que se caliente. Espolvorea otra bandeja plana con sémola o harina y gira el cesto sobre ella para que caiga la masa. Con una cuchilla o un cuchillo afilado márcala.

Si fermentas el pan en un molde metálico, puedes marcarlo a lo largo del centro o dejarlo tal cual.

Traslada la masa de la bandeja a la piedra caliente o bandeja del horno, o coloca el molde directamente sobre la rejilla del horno. Pulveriza el interior del horno con agua o dispón un recipiente con ¼ de taza de agua en la parte inferior.

Hornea durante 30 minutos, dándole la vuelta una vez, o hasta que la barra se dore y suene hueca al golpearla por debajo.

Día 3
Preparación – 5 minutos
Reposo – 10 minutos

Fermentación – 1-2 horas

Cocción – 30 minutos

Pan integral de molde

Lo ideal es cocerlo en molde metálico. Es un pan muy importante para mí. La madre de mi amigo del colegio Chris Pain era buena repostera y su casa siempre olía a este pan. Este aroma siempre me traslada a su casa de Sevenoaks, incluso pasados 45 años. Posee algo verdaderamente reconfortante y hogareño.

Para el prefermento

5 g (1 cucharadita) de levadura fresca o 2-3 g (⅔-1 cucharadita) de levadura seca
200 g (1 taza escasa) de agua caliente
250 g (9 oz/1 ¾ tazas) de harina integral de fuerza

Para la barra

250 g (1 taza) de agua caliente
350 g (12 oz/2 ½ tazas) de harina integral de fuerza
10 g (1 ½ cucharaditas) de sal marina fina
aceite de sabor neutro, para engrasar

Día 1

Para el prefermento, mezcla la levadura fresca con el agua caliente en un bol pequeño hasta su disolución. Si usas levadura seca, lee las instrucciones del envase: deberás mezclarla con la harina y luego añadir agua o hidratar antes la levadura con agua.

Añade la harina a un bol, practica un agujero en el centro y vierte el líquido en él. Mezcla hasta obtener una pasta homogénea. Cubre y deja la pasta a temperatura ambiente 2 horas, y luego refrigérala 12-24 horas.

Día 2

Añade el prefermento al agua caliente y mezcla.

Combina la harina con la sal en otro bol, practica un agujero en el centro y vierte el líquido en él. Con cuidado, forma la masa.

Cuando empieces a obtener la masa, pásala a la superficie de trabajo. No añadas harina. Estira la masa sobre la superficie con la palma de la mano y trabájala durante 5-8 minutos. La masa se volverá más elástica, pero será muy húmeda. No caigas en la tentación de añadirle harina.

Dale forma redonda y devuélvela al bol. Cubre la masa y déjala a temperatura ambiente 1-2 horas. (En este punto, puedes dejarla fermentar en el frigorífico toda la noche: de esta manera potenciarás considerablemente el sabor del pan.)

Saca la masa del bol: así liberará aire y se acelerará la acción de la levadura. Dale forma redondeada, cúbrela de nuevo y déjala reposar al menos 10 minutos.

Continúa en la página siguiente →

---

2 días
Sale 1 barra grande

Día 1
Preparación – 5 minutos
Reposo – 2 horas
Refrigeración – 12-24 horas

Día 2
Preparación – 15 minutos
Fermentación – 1-2 horas + 10 minutos + 1-2 horas
Cocción – 35 minutos

Continuación →

Unta con un poco de aceite un molde metálico de 900 g (2 lb). Dale la forma deseada a la masa y colócala en el molde. Cúbrela con un trapo húmedo y déjala fermentar a temperatura ambiente 1-2 horas más. Sabrás que está lista presionándola suavemente con el dedo. Si recupera la forma, está a punto; si queda la marca, todavía no.

Precalienta el horno a 230 °C con ventilador (475 °F/gas 9) o al máximo de su potencia.

Si lo deseas, puedes marcar la parte superior con una cuchilla o un cuchillo de sierra afilado, o dejarla tal cual.

Mete el molde en el horno y pulveriza el interior con agua o dispón una bandeja con ¼ de taza de agua en la parte inferior del horno. Hornea durante 35 minutos, dándole la vuelta una vez, hasta que la barra se dore y suene hueca al golpearla por debajo.

Masa con levadura

Focaccia fácil

Se trata de una masa de alta hidratación que se inicia con una mezcla aparentemente suelta, pero con un poco de amasado y cuidado se vuelve flexible, elástica y esponjosa. La misma base de masa puede usarse para crear productos con diversidad de ingredientes. Por ejemplo, hierbas frescas, cebolla troceada, corazones de alcachofa, tomates... lo que se te ocurra. Recomendamos utilizar un aceite de oliva de calidad porque es el que dará el sabor de fondo a la focaccia. Este pan es uno de los básicos de la gama de Bread Ahead desde que empezamos en el mercado de Borough.

500 g (1 lb 2 oz/3 ½ tazas) de harina blanca de fuerza (panificable)
10 g (1 ½ cucharaditas) de sal marina fina
6 g (1 ¼ cucharaditas) de levadura fresca o 3 g (1 cucharadita) de levadura seca activa
400 g (1 ½ tazas generosas) de agua, a temperatura ambiente
80 g (⅓ de taza) de aceite de oliva, y un poco más para pincelar
escamas de sal marina, romero fresco u otros ingredientes a elegir

Paso 1

Pon la harina y la sal en un bol y mézclalas.

En otro bol, añade la levadura al agua y mezcla hasta su disolución (si usas levadura seca, mézclala con la harina). Practica un hueco en el centro y vierte el líquido en él, luego combina la mezcla para formar una pasta suelta. (Si tienes robot amasador, usa el accesorio de gancho para mezclar los ingredientes.) Con una espátula, rasqueta, cuchara o la mano, mezcla la masa durante unos minutos hasta que los ingredientes queden bien incorporados. Debes obtener una masa lustrosa sin grumos de harina.

Rocía con 2 cucharadas del aceite de oliva los márgenes del bol y espárcelo con la rasqueta o cuchara para que quede distribuido por debajo de la masa y la parte superior.

Ahora hay que doblar la masa. Pon las manos debajo de uno de los lados, levanta la masa y estírala por encima del otro lado. Haz esto desde abajo, luego desde arriba y luego desde cada uno de los lados (esto se considera una serie de pliegues y atrapará capas de aire en la masa). Deja reposar 30 minutos.

Practica tres series más de pliegues, dejando reposar la masa 30 minutos entre una y otra. Tras la tercera serie, traslada la masa al frigorífico para que repose 10 minutos.

Continúa en la página siguiente →

---

2 ¾ horas
Sale 1 barra grande

Paso 1
Preparación - 15 minutos
Reposo - 1 hora 40 minutos
(3 reposos de 30 minutos y 1 de 10 minutos)

Paso 2
Preparación - 5 minutos
Reposo - 30 minutos
Reposo extra opcional - 4 horas
Cocción - 15 minutos

Masa con levadura

Continuación →

Paso 2

Precalienta el horno a 220 °C con ventilador (475 °F/gas 9) o al máximo de su potencia. Engrasa con aceite una bandeja grande para el horno.

Con cuidado, desliza sobre ella la masa reposada. Dóblala por la mitad (como una enorme empanada) y masajea toda la superficie con el resto de aceite de oliva. Presiona la superficie con la punta de los dedos para que cubra toda la bandeja. Hazlo en toda la superficie de la masa (así la focaccia adquirirá sus típicos hoyuelos). Añade los ingredientes deseados (excepto la sal) y deja reposar 30 minutos.

Si lo deseas, ahora puedes dejar la focaccia hasta 4 horas en el frigorífico antes de hornearla.

Espolvorea con sal. Mete la bandeja en el horno y pulveriza el interior con agua o dispón una bandeja con ¼ de taza de agua en la parte inferior del horno. Cuece durante 15 minutos o hasta que se vea crujiente y dorada. Saca la bandeja del horno, unta la focaccia con un poco más de aceite, deja enfriar y sirve.

Masa con levadura

Chapata fácil

Su nombre no significa que esta no sea una auténtica chapata, sino que hemos ido perfeccionado su elaboración para ofrecer a los panaderos nuevos (y experimentados) un proceso que requiere menos esfuerzo y da grandes resultados.

400 g (14 oz/3 ¼ tazas) de harina blanca de fuerza (panificable), y un poco más para espolvorear
8 g (1 ¼ cucharaditas) de sal marina fina
6 g (1 ¼ cucharaditas) de levadura fresca o 3 g (1 cucharadita) de levadura seca activa
350 g (1 ⅓ tazas generosas) de agua, a temperatura ambiente
2 cucharadas de aceite de oliva
polenta (sémola fina), para espolvorear

Paso 1

Pon la harina y la sal en un bol y mézclalas.

En otro bol, añade la levadura al agua y mezcla hasta su disolución (si usas levadura seca, mézclala con la harina). Practica un hueco en el centro y vierte el líquido en él, luego combina la mezcla para formar una pasta suelta. Con una espátula, rasqueta o la mano, mezcla la masa durante unos minutos hasta que los ingredientes queden bien incorporados. Debes obtener una masa lustrosa sin grumos de harina.

Rocía con el aceite de oliva los márgenes del bol y espárcelo con la rasqueta o cuchara para que quede distribuido por debajo de la masa. Pon las manos debajo de uno de los lados, levanta la masa y estírala por encima del otro lado. Haz esto desde abajo, luego desde arriba y luego desde cada uno de los lados (esto se considera una serie de pliegues y atrapará capas de aire en la masa). Deja reposar 30 minutos.

Practica tres series más de pliegues, dejando reposar la masa 30 minutos entre una y otra. Tras la tercera serie, traslada la masa al frigorífico para que repose 10 minutos.

Paso 2

Precalienta el horno a 230 °C con ventilador (475 °F/gas 9) o al máximo de su potencia. Forra una bandeja grande con papel vegetal y espolvoréalo con polenta.

Espolvorea con abundante harina la masa y la superficie de trabajo. Con una rasqueta, retira la masa de los lados del bol, luego vuélcala sobre la superficie preparada. Corta la masa en forma de 2 zapatillas, gíralas sobre la superficie enharinada y pásalas a la bandeja. Cubre con un trapo de cocina y deja reposar 15 minutos.

Trasládalas al horno y cuécelas 16 minutos, luego sácalas y deja enfriar. Sírvelas para disfrutar de su genuino sabor italiano.

---

2 ½ horas
Salen 2 panes

Paso 1
Preparación – 15 minutos
Reposo – 1 hora 40 minutos
(3 reposos de 30 minutos
y 1 de 10 minutos)

Paso 2
Preparación – 5 minutos
Reposo – 15 minutos
Cocción – 16 minutos

ANATOMÍA DE UNA CHAPATA

textura ligera, abierta

interior ceroso, lustroso

corteza fina y crujiente

Pissaladière

Este genuino sabor del sur de Francia se prepara tradicionalmente con aceitunas negras y anchoas. La clave de esta pissaladière consiste en no trabajar la masa en exceso, pues le basta un toquecito. Dedica el tiempo necesario para pochar bien la cebolla y conseguir que aporte su dulzor a la preparación. Disfruta de este producto como si fuera una focaccia o una pizza.

Para la masa

5 g (1 cucharadita) de levadura fresca o 3 g (1 cucharadita) de levadura seca activa
120 g (½ taza) de agua caliente
60 g (¼ de taza) de aceite de oliva suave
250 g (9 oz/½ tazas) de harina blanca de fuerza (panificable)
5 g (¾ de cucharadita) de sal marina fina

Para la capa superior

3 cucharadas de aceite de oliva
900 g (2 lb) de cebollas, en rodajas finas
2-3 dientes de ajo, picados
2 cucharaditas de hierbas variadas (hierbas de Provenza)
sal marina y pimienta negra recién molida, al gusto
1 cucharada colmada de mostaza de Dijon

Opcional

unas anchoas, al gusto
un puñado de aceitunas negras
una pizca de mejorana fresca

Para hacer la masa, añade la levadura, el agua y el aceite en un bol y deja que la levadura se disuelva.

Añade la harina y la sal al bol y mezcla con la mano hasta que se forme una pasta. Amásala en el bol con movimientos envolventes hasta que quede una masa suave. No hace falta trabajarla mucho, como otras masas con levadura. Cúbrela con un trapo húmedo o un plato y déjala leudar a temperatura ambiente 1-2 horas.

Mientras, prepara los ingredientes para la capa superior. Calienta aceite de oliva en una sartén, a fuego lento y con tapa. Añade la cebolla, el ajo y las hierbas, salpimienta y cocina a fuego lento, removiendo, durante 40 minutos, hasta que la cebolla quede blandita. Retira del fuego y deja enfriar.

Precalienta el horno a 230 °C con ventilador (475 °F/gas 9) o al máximo de su potencia. Forra una bandeja de bordes de 20 × 30 cm (8 × 12 in) con papel vegetal.

Extiende la masa fermentada hasta el tamaño de la bandeja. Unta la superficie de la masa con la mostaza y esparce la cebolla por encima (y las anchoas o aceitunas, si usas). Le va de maravilla un toque final de mejorana.

Hornea 15 minutos hasta que la cebolla adquiera un bonito tueste aquí y allá.

Sirve y disfruta enseguida, como si fuera una pizza.

---

1 ½-2 ½ horas
Sale 1 barra grande
4-6 raciones

Preparación de la masa – 10 minutos
Primera fermentación – 1-2 horas

Preparación de ingredientes adicionales – 40 minutos
Cocción – 15 minutos

Bollos de leche

Esta receta es rápida y fácil de preparar desde cero en unas 3 horas, o con masa reposada de una noche para el panadero más avanzado. De ambas formas, el resultado es delicioso. Las ventajas de añadir un poco de leche y mantequilla a la masa son una textura tierna y un mayor tiempo de conservación. Los bollos son ideales para hamburguesas o bocadillos blandos tipo bap o mollete.

500 g (1 lb 2 oz/3 ½ tazas) de harina blanca de fuerza (panificable)
300 g (1 ¼ tazas) de leche entera, a temperatura ambiente
50 g (2 oz) de mantequilla sin sal, ablandada
10 g (1 ½ cucharaditas) de sal marina fina
10 g (2 ½ cucharaditas) de azúcar extrafino
8 g (1 ½ cucharaditas) de levadura fresca o 4 g (1 ¼ cucharaditas) de levadura seca activa
1 huevo, batido (o más leche)

Combina la harina, la leche, la mantequilla, la sal, el azúcar y la levadura en un bol grande. Con la rasqueta o la mano, mezcla los ingredientes para formar una pasta, sin que queden grumos de harina ni mantequilla.

Si usas robot amasador, coge el gancho con la mano y mezcla los ingredientes para formar la pasta en el bol. Luego, coloca el bol en el robot y conecta el gancho. A velocidad lenta, mezcla los ingredientes hasta que no quede rastro de harina ni mantequilla.

Traslada la masa a la superficie de trabajo, pero no añadas harina. Trabájala unos pocos minutos hasta que se vuelva suave y relativamente elástica. Quedará una masa más bien prieta.

Devuelve la masa al bol, cúbrela con un trapo de cocina húmedo o un plato y deja fermentar a temperatura ambiente unos 45 minutos o hasta que doble su tamaño. En este punto, puedes cubrir la masa y dejarla leudar lentamente en el frigorífico toda la noche.

Forra una bandeja de 20 × 30 cm (8 × 12 in) con papel vegetal o úntala con aceite.

Cuando finalice la primera fermentación, pasa la masa del bol a la superficie de trabajo. Divide la masa en 12 trozos de unos 60 g (2 oz) cada uno.

Continúa en la página siguiente →

2 ½-3 horas
Salen 12 bollos

Preparación - 15 minutos
Primera fermentación - 45 minutos (o toda la noche)

Dar forma - 15 minutos
Segunda fermentación - 1-1 ½ horas
Cocción - 12-15 minutos

Continuación →

Para dar forma a los bollos, hay dos métodos:

Dispón una bola de masa sobre la superficie de trabajo. Con las palmas de las manos hacia arriba y el margen interior de cada mano contra los lados de la bola, pellízcala y hazla rodar con los lados de la mano. Entre cada pellizco y rotación, aplasta ligeramente la bola y sigue pellizcando y rotando.

O cubre la bola de masa con la palma de la mano ahuecada. Con la mano como una garra sobre la masa, gira suavemente la mano de manera circular, aplicando algo de presión con la palma al hacer rotar la bola. De este modo, la superficie de trabajo crea una leve fricción al rotar la masa.

Coloca las bolas de masa en la bandeja, dejando un espacio de unos 5 mm-1 cm (½ in) entre ellas, ya que crecerán al fermentar. Cubre con un trapo húmedo y deja fermentar 1-1 ½ horas hasta que doblen su tamaño (el tiempo dependerá de la temperatura de la cocina).

Precalienta el horno a 210 °C con ventilador (450 °F/gas 8).

Pinta los bollos con huevo batido o leche y hornéalos 12-15 minutos hasta que se doren.

Masa con levadura

Masa con levadura

Crumpets

Para unas buenas tortitas tipo crumpet, la pasta debe prepararse la vigilia y dejarla reposar en el frigorífico para activar la levadura. Se cocinan con mantequilla o manteca de cerdo, lo importante es hacerlo a fuego lento o medio para que no queden crudas. Para mí, las crumpets son uno de los tesoros ocultos de la pastelería británica, especialmente cuando rebosan mantequilla.

Masa con levadura

6 g (1 cucharadita colmada) de levadura fresca
200 g (1 taza escasa) de agua caliente
150 g (5 oz/1 ¼ tazas) de harina blanca de fuerza (panificable)
2 g (⅓ de cucharadita) de sal marina fina
½ cucharadita de azúcar
1 cucharadita de levadura en polvo
mantequilla (o manteca de cerdo), para freír

Disuelve la levadura en el agua caliente.

Añade la harina, la sal, el azúcar y la levadura en polvo a un bol grande, y remueve para combinarlo todo. Practica un hueco en el centro, vierte el agua con levadura y bate vigorosamente 2-3 minutos hasta obtener una pasta espesa y algo aireada.

Cubre el bol con un plato o un gorro de ducha y deja reposar 3-4 horas a temperatura ambiente. Este período de reposo favorecerá el desarrollo del sabor y la textura de las crumpets. Si no, deja el bol a temperatura ambiente 1 hora, luego cúbrelo y mantenlo en el frigorífico toda la noche.

Cuando vayas a cocerlas, engrasa dos aros metálicos de 9 cm (3 ½ in) con mantequilla.

Calienta una nuez de mantequilla en una sartén grande a fuego medio o bajo. Cuando se derrita y empiece a burbujear, coloca los aros engrasados en la sartén. Pon 2 cucharadas de pasta dentro de cada aro: procura que quede un grosor de 1 cm (½ in).

Pasado 1 minuto, se formarán burbujas en la superficie de la pasta. Baja el fuego enseguida y sigue cocinando las tortitas durante 1-2 minutos más. Cuando las burbujas empiecen a salir, baja el fuego al mínimo y cuece las crumpets 3-4 minutos más. Estarán listas cuando las burbujas dejen de formarse y la superficie quede bien cocida. El tiempo que se tarda en cocinar las tortitas dependerá del tamaño del aro que utilices y la profundidad de pasta, de modo que debes observar las fases de burbujeo.

Con suavidad, saca las tortitas de los aros y sírvelas calientes con mucha mantequilla y mermelada. Son deliciosas el día siguiente, perfectas al tostarlas.

Unas 4 horas
Salen unas 5

Preparación - 5 minutos
Reposo - 3-4 horas
(o 1 hora + toda la noche)

Cocción - 5-10 minutos

Masa con levadura

Masa madre

Masa madre inicial

Preparar masa madre es la primera piedra y un momento glorioso en la elaboración del pan. Nuestra masa madre inicial (llamada Bruce) la preparamos en la catedral de Southwark en 2013, con una ceremonia digna de la manera de hacer las cosas en Bread Ahead. No obstante, se puede preparar masa madre en casa con solo un tarro de mermelada, un poco de harina y agua del grifo, y servirá para tener buen pan el resto de tu vida.

Se trata de algo extraordinario: el cultivo vivo que se crea va a vivir eternamente si se cuida y se alimenta debidamente. El principio básico es que se crea un entorno en que las células naturales de la levadura viven y se reproducen para poder usarlas en preparaciones culinarias. La masa madre es un producto vivo, de modo que requiere cuidados para mantenerlo sano.

Es interesante tener en cuenta que las células de la levadura se adaptarán a una «alimentación» regular. Si «alimentamos» la masa madre una vez a la semana, su metabolismo se ralentizará y será un producto de reacción lenta. Por el contrario, si la alimentamos habitualmente cada 8 horas, obtendremos una masa más activa y vital.

En el caso del panadero doméstico que alimenta la masa madre una vez a la semana, recomendamos hacerlo 8 horas antes de usarla para hornear. También es aconsejable dejarla a temperatura ambiente durante este período de 8 horas para favorecer la actividad de la levadura.

En Bread Ahead ofrecemos varios talleres para preparar masa madre, ya que es uno de los temas más populares. Comprender bien la masa madre es clave para elaborar fantásticos panes. Como siempre, la práctica hace al maestro.

Masa madre inicial (blanca, de centeno o integral)

La receta básica para preparar masa madre es la misma, tanto si se emplea harina blanca, de centeno o integral. Cualquier tipo de masa madre vale para las recetas que la requieren. No obstante, si usas masa madre de centeno, será más húmeda y puede que necesites añadir más harina a la receta para compensarlo.

Para comprobar la actividad de tu masa madre, es buena idea colocar una goma elástica alrededor del tarro para comprobar si crece. En la página siguiente se muestra el progreso de tres masas madre (blanca en el tarro de arriba; centeno, debajo; integral en el fondo) a lo largo de cuatro horas después de alimentarlas.

Día 1

50 g (2 oz/½ taza) de harina (blanca, de centeno integral o integral)
50 g (3 cucharadas) de agua del grifo fría

Días 2, 3, 4 y 5

1 cucharada de harina (blanca, de centeno integral o integral)
1 cucharada de agua del grifo fría

Día 1

Mezcla la harina y el agua en un tarro de mermelada vacío. Cubre con un trapo de cocina y deja a temperatura ambiente 24 horas.

Días 2, 3, 4 y 5

Cada día, añade harina y agua a la masa madre y mézclala. Llegado el quinto día, observarás que la masa madre cobra vida al formar burbujas y desprender un aroma como a alcohol.

Cierra el tarro con tapa o pasa la masa a un recipiente hermético y consérvalo en el frigorífico.

Usa la masa madre al menos una vez cada quince días. Antes de utilizarla, aliméntala con 75 g (2 ½ oz/¾ de taza) de harina y 75 g (5 cucharadas) de agua, o el volumen que requiera la receta, y déjala a temperatura ambiente 8 horas.

Masa madre

Masa madre integral fácil

Este método se parece al de la focaccia de la página 28: plegar la masa es esencial para desarrollar la masa glutínica. La clave consiste en mantener la masa caliente a lo largo de todo el proceso para obtener un pan sabroso y bien hecho. Es una manera de tomarse la panadería sin estrés. Puede parecer poco ortodoxa, pero confía en mí, funciona. De vez en cuando se pueden romper las normas si al final sabe bien.

150 g (5 oz) de masa madre blanca (véase la página 46)
350 g (1 ⅓ tazas generosas) de agua caliente
400 g (14 oz/2 ¾ tazas) de harina integral de fuerza (panificable)
8 g (1 ¼ cucharaditas) de sal marina fina
aceite vegetal, para engrasar

Pon la masa madre en un bol con el agua caliente y deshaz el producto con las manos. Añade la harina y la sal y forma una pasta. Dispónla sobre la superficie de trabajo y amásala durante 5 minutos hasta que se vuelva suave y elástica.

Unta ligeramente el bol con aceite y traslada de nuevo la masa al bol, cúbrela con un gorro de ducha o un trapo de cocina húmedo y deja a temperatura ambiente, mejor en un lugar cálido, 1 hora.

Pliega la masa (véanse las páginas 28-31), cubre y deja reposar 1 hora más.

Realiza una segunda serie de pliegues, cubre la masa y déjala reposar 1 hora más.

Tras una tercera serie de pliegues, deja reposar la masa 1 última hora.

Precalienta el horno a 210 °C con ventilador (450 °F/gas 8). Si utilizas una cacerola de hierro fundido, métela en el horno para que se caliente. Si no, unta con un poco de aceite un molde metálico de 900 g (2 lb).

La masa debe haberse plegado tres veces y reposado 4 horas en total. Tras la última hora de fermentación, saca la masa del bol y dale la forma deseada. Redonda si usas cacerola o alargada si vas a cocerla en molde metálico.

En el primer caso, retira con cuidado la cacerola del horno y mete la masa dentro, cubre con la tapa y hornea 30 minutos. Luego destapa y hornea 10 minutos más.

Si usas molde, ponlo en el estante central del horno y dispón una bandeja con ¼ de taza de agua en el fondo del horno para crear vapor. Hornea 30 minutos, luego dale la vuelta al molde y cuece 10 minutos más.

Retira el pan del horno y deja enfriar por completo antes de cortarlo.

5 horas
Sale 1 barra grande

Preparación – 10-20 minutos
Fermentación – 4 horas
Cocción – 40 minutos

Barra rústica

Es un pan interesante porque lo preparamos con una pequeña diferencia. Al usar agua caliente, aceleramos la actividad de la levadura y la fermentación es más rápida y produce menos acidez. En definitiva, buscamos un pan bien hidratado, de textura abierta y corteza fina y crujiente. El germen de trigo tostado le aporta un agradable sabor como a fruto seco.

Para el germen de trigo

50 g (2 oz/½ taza) de germen de trigo (o semillas de sésamo o girasol)
50 g (3 cucharadas) de agua

Para la masa

400 g (14 oz/2 ¾ tazas) de harina blanca de fuerza (panificable)
50 g (2 oz/½ taza escasa) de harina integral de fuerza (panificable), y un poco más para espolvorear
150 g (5 oz) de masa madre blanca (véase la página 46)
420 g (1 ⅔ tazas) de agua caliente
8 g (1 ¼ cucharaditas) de sal marina fina
aceite vegetal, para engrasar

Día 1

Prepara el germen de trigo. Añádelo a una sartén en seco y tuéstalo ligeramente bajo el gratinador del horno o a fuego medio en los fogones.

Agrega el germen tostado a un bol y cúbrelo con agua. Déjalo en remojo toda la noche.

Día 2

Añade el germen remojado, las harinas, la masa madre, el agua caliente y la sal a un bol grande. Con la mano, mezcla los ingredientes para formar una pasta bien combinada. Se trata de una mezcla muy húmeda: no hay que añadirle harina, solo procurar que los ingredientes queden bien integrados.

Traslada la masa a un cuenco untado en un poco de aceite, cubre con un plato o un gorro de ducha y deja reposar 1 hora a temperatura ambiente.

Completa una serie de pliegues (véanse las páginas 28-31), cubre y deja reposar 1 hora más.

Realiza una segunda serie de pliegues, cubre y deja reposar 1 hora más.

Deja el bol cubierto en el frigorífico toda la noche.

Continúa en la página siguiente →

---

3 días
Sale 1 pan grande

Día 1
Preparación - 5 minutos
Remojo - toda la noche

Día 2
Preparación - 15 minutos
Fermentación - 3 horas + una noche

51

Masa madre

Continuación →

Día 3

Deja que la masa se temple a temperatura ambiente (2-3 horas).

Ponla sobre una superficie de trabajo algo untada con aceite. Con cuidado, dale forma de barra (véase la página 20 para la técnica del stitching). Si no, puedes simplemente doblarla dos veces y pellizcar la unión. Debes tener cuidado para no trabajar demasiado la masa: solo precisas darle forma.

Enharina un cesto de fermentación y pon la masa dentro, con la costura hacia arriba. Cubre con un trapo de cocina húmedo y deja reposar 2 horas a temperatura ambiente.

Precalienta el horno a 230 °C con ventilador (475 °F/gas 9). Pon una cacerola de hierro fundido en el horno para que se caliente.

Retira con cuidado la cacerola del horno e introduce la masa dentro, cubre con la tapa y hornea 40 minutos. Luego destapa y hornea 10-15 minutos más para tostar la corteza. Tal vez debas bajar la potencia del horno los 10-15 últimos minutos de cocción.

Día 3
Reposo - 2-3 horas
Fermentación - 2 horas
Cocción - 50-55 minutos

Masa madre con gachas

Al incorporar gachas a la mezcla, creamos una estructura que soporta una masa con un alto nivel de hidratación. Seguramente es un pan más complejo, pero el esfuerzo merece la pena. Cuando un cliente descubre este pan de Bread Ahead, ya no hay vuelta atrás.

Para las gachas

50 g (2 oz/½ taza escasa) de copos de avena (de cualquier tipo)
120 g (½ taza) de agua

Para la masa

170 g (¾ de taza) de agua, a temperatura ambiente
35 g (1 ¼ oz) de masa madre blanca (véase la página 46)
10 g (½ oz) de masa madre de centeno (véase la página 46)
160 g (5 ½ oz/1 ¼ tazas) de harina blanca de fuerza (panificable), y un poco más para espolvorear
70 g (2 ½ oz/½ taza generosa) de harina integral de fuerza (panificable)
5 g (¾ de cucharadita) de sal marina fina
aceite vegetal, para engrasar

Paso 1

Para las gachas, añade la avena y el agua a un cazo y cocínalo hasta que el agua haya reducido y las gachas espesen. El tiempo dependerá de la variedad de avena que uses.

Retira las gachas del fuego y deja templar al menos a temperatura ambiente. Para acelerar el proceso, extiéndelas sobre una bandeja.

Mientras, prepara la masa. Pon las masas madre en un bol con el agua y deshaz el producto con las manos. Añade las harinas y forma una pasta con los ingredientes, luego vacía la masa sobre la superficie de trabajo y amásala unos 3 minutos.

Nota: También puedes mezclar la masa con el robot y el accesorio de gancho.

Una vez enfriadas las gachas, incorpóralas a la masa y sigue amasando 3 minutos más hasta que se mezcle todo bien.

Espolvorea con la sal y trabaja la masa. Puedes hacerlo con vigor para que la sal quede bien repartida. Sigue amasando 3 minutos más. La masa será pegajosa y suelta, pero notarás que se forma elasticidad y tensión.

Unta con aceite el bol y vuelve a meter la masa en él. Cúbrela con un trapo húmedo, un plato o un gorro de ducha y déjala leudar a temperatura ambiente 2 horas.

Continúa en la página siguiente →

---

6 horas 40 minutos o 2 días
Sale 1 pan grande

Paso 1
Preparación – 25 minutos
Fermentación – 2 horas
Reposo – toda la noche (opcional)

Paso 2 (método ambiente)
Preparación – 5 minutos
Fermentación – 3 ½ horas
Cocción – 40 minutos

Continuación →

Paso 2

Una vez fermentada, puedes dejar que la masa siga fermentando lentamente en el frigorífico toda la noche o bien durante unas horas con el método ambiente:

Toda la noche

Tras la primera fermentación, deja el bol en el frigorífico toda la noche.

Al día siguiente, retira la masa del frigorífico y deja templar a temperatura ambiente (unas 2 horas).

Enharina un cesto de fermentación o un bol cubierto con un trapo de cocina limpio. Dale la forma deseada a la masa y colócala en el cesto. Cúbrela con un trapo húmedo y déjala fermentar a temperatura ambiente 2 horas más.

Método ambiente

Tras la primera fermentación, completa una serie de pliegues (véanse las páginas 28-31), cubre la masa y déjala a temperatura ambiente 1 hora.

Realiza una segunda serie de pliegues, cubre y deja reposar 1 hora más.

Enharina un cesto de fermentación o un bol cubierto con un trapo de cocina limpio. Dale la forma deseada a la masa y colócala en el cesto. Cúbrela con un trapo húmedo y déjala fermentar a 1 ½ horas más.

Es crucial que mantengas la masa caliente si sigues este método.

Para terminar

Precalienta el horno a 230 °C con ventilador (475 °F/gas 9) y mete una cacerola de hierro en el horno.

Con cuidado, retira la cacerola del horno y vacía la masa dentro. Cubre con la tapa y hornea 30 minutos, luego destapa y cuece 10 minutos más.

Día 2 (toda la noche)
Reposo - 2 horas
Fermentación - 2 horas
Cocción - 40 minutos

Consejo

Si solo dispones de masa madre de harina blanca o centeno, puedes usar 45 g (1 ¾ oz) de la que tengas a mano.

Centeno con semillas

Este pan de centeno resulta inusual porque mejora con los días. No es un pan para tomar a diario, es más bien una base para comer salmón ahumado, arenques en conserva o incluso caviar. Sabe mejor al cabo de 3-4 días, en rebanadas finas, untado con mantequilla y con salmón ahumado y encurtidos encima. Añadirle semillas lo vuelve más húmedo. Los aceites naturales de las semillas se filtran en el pan y la experiencia gustativa es más interesante.

Mezcla de semillas

5 g (¼ oz/1 ½ cucharadita) de semillas de hinojo
15 g (½ oz/2 cucharadas) de cada: semillas de alcaravea, de lino dorado y de amapola
30 g (1 oz/3 cucharadas) de cada: semillas de sésamo y de girasol
15 g (½ oz/2 ½ cucharaditas) de germen de trigo tostado
30 g (1 oz/¼ de taza) de copos gruesos de avena
30 g (1 oz/⅓ de taza) de trigo partido
170 g (¾ de taza) de agua

Para el prefermento

55 g (2 oz) de masa madre de centeno (véase la página 46)
85 g (3 oz/¾ de taza generosos) de harina blanca de centeno
100 g (½ taza escasa) de agua a temperatura ambiente

Para la masa

240 g (8 ½ oz) de prefermento (véase más arriba)
100 g (½ taza escasa) de agua a temperatura ambiente
145 g (5 oz/1 ½ taza generosa) de harina blanca de centeno
6 g (1 cucharadita) de sal marina fina

Para terminar

aceite vegetal, para engrasar
más semillas, para cubrir el molde

Día 1

Prepara la mezcla de semillas. Añade las semillas, el trigo y la avena en un bol con el agua, cubre y deja en remojo a temperatura ambiente 24 horas.

Para el prefermento, echa la masa madre, la harina y el agua en un bol y mezcla hasta obtener una pasta. Cubre con un trapo de cocina o un plato y deja a temperatura ambiente 2 horas, luego refrigéralo toda la noche.

Día 2

Toma la cantidad de prefermento indicada y añádela al bol grande con el agua. Desmenuza el prefermento en el agua con las manos. Añade la harina y la sal, luego mezcla con la mano sin trabajarlo.

Añade las semillas con el agua del remojo y, con la mano, incorpóralas suavemente a la mezcla. Se parecerá más a una pasta que a una masa. Cubre el bol con un trapo húmedo, un plato o un gorro de ducha y deja leudar a temperatura ambiente 2 horas. Como las otras masas madre, es importante que la masa mantenga su calor, a 24 °C (75 °F) es lo ideal.

Unta con un poco de aceite un molde metálico de 900 g (2 lb) y esparce semillas por su interior. También puedes untar una bandeja con aceite, esparcir las semillas y luego pasar la masa para rebozarla con ellas.

Pon la masa en el molde y esparce más semillas por encima. Cubre y deja fermentar a temperatura ambiente 1 hora más (manteniendo su calor), hasta que crezca al menos un 20 %.

Precalienta el horno a 220 °C con ventilador (475 °F/gas 9).

---

2 días
Sale 1 pan grande

Día 1
Preparación - 5 minutos
Reposo - 2 horas
Refrigeración - toda la noche

Día 2
Preparación - 10 minutos
Fermentación - 3 horas
Cocción - 55 minutos-1 hora

Mete el molde en el horno y pulveriza el interior con agua o dispón una bandeja con ¼ de taza de agua en la parte inferior del horno. Hornea entre 55 minutos y 1 hora hasta que se dore. Golpea la base del molde para comprobar si suena hueco.

Deja enfriar sobre una rejilla; es importante que se enfríe del todo antes de cortar el pan. Este pan madurará y sabrá mejor pasados 2-3 días.

Consejo

Si utilizas un robot amasador para preparar la masa, usa el accesorio de pala en lugar del gancho.

ANATOMÍA DEL PAN DE CENTENO

- corteza oscura
- interior denso y húmedo
- hogaza fuerte y sólida

Barra multicereales con hinojo

Este es otro de los viejos favoritos de Bread Ahead, con un singular conjunto de sabores. Lo recomendamos para acompañar charcutería, entremeses, pimientos asados y jamón. Aunque solo se le pone una pequeña cantidad de hinojo, su sabor se paladea con gusto y es duradero. En la receta, usamos semillas de hinojo, pero puedes sustituirlas por semillas de cilantro, comino negro, etc., según prefieras.

Para la mezcla de semillas y cereal

90 g (3 ¼ oz/¾ de taza) de semillas y cereales variados (semillas de hinojo, copos de avena, linaza dorada, semillas de amapola, calabaza y alcaravea)
90 g (6 cucharadas) de agua

Para la masa

150 g (5 oz) de masa madre blanca (véase la página 46)
350 g (1 ⅓ tazas generosas) de agua caliente
400 g (14 oz/3 tazas escasas) de harina integral de fuerza (panificable)
8 g (1 ¼ cucharaditas) de sal marina fina

Para terminar

aceite vegetal, para engrasar
más semillas, para cubrir el molde

Consejo

Puedes cocer la masa en un molde metálico de 900 g (2 lb), pero preferimos dos de 450 g (1 lb), 10 × 10 × 20 cm (4 × 4 × 8 in).

Día 1

Deja las semillas y los cereales en remojo toda la noche a temperatura ambiente.

Día 2

Pon la masa madre en un bol con el agua caliente y deshaz el producto con las manos. Añade la harina y la sal y forma una pasta. Disponla sobre la superficie de trabajo y amásala durante 4 minutos hasta que se vuelva suave y elástica.

Extiende la masa en forma de cuadrado y esparce por encima la mezcla de semillas. Con mimo, dobla la masa sobre sí misma para envolver las semillas, y luego pliégala unas cuantas veces para repartirlas.

Unta ligeramente el bol con aceite y traslada de nuevo la masa al bol, cúbrela con un gorro de ducha o un trapo de cocina húmedo y deja a temperatura ambiente, mejor en un lugar cálido, 1 hora.

Pliega la masa (véanse las páginas 28-31), cubre y deja reposar 1 hora más.

Realiza una segunda serie de pliegues, cubre la masa y déjala reposar 1 hora más.

Tras una tercera serie de pliegues, deja reposar la masa 1 última hora.

Unta con aceite una bandeja y esparce más semillas por encima. Unta con un poco de aceite dos moldes metálicos de 450 g (1 lb).

La masa debe haberse plegado tres veces y reposado 4 horas en total. Tras la última hora de fermentación, divide la masa en dos partes iguales, dales forma alargada y pásalas por las semillas para rebozarlas. Pon las masas en los moldes, cubre y deja fermentar 1 hora más.

Precalienta el horno a 210 °C con ventilador (450 °F/gas 8).

Cuece los panes 40 minutos.

Deja que se enfríen por completo antes de cortarlos.

---

2 días
Salen 2 barras de molde

Día 1
Preparación - 2 minutos
Remojo - toda la noche

Día 2
Preparación - 15 minutos
Fermentación - 5 horas
Cocción - 40 minutos

Masa madre

Pan de pasas

Se trata de uno de los tesoros ocultos de Bread Ahead y cuenta con unos pocos devotos seguidores. Para mí, es mejor al cabo de uno o dos días, rebanado y untado con mantequilla o un poco de queso. Al aprovechar el agua de las pasas, se favorece la actividad de la masa madre y se obtiene una masa singular. Se trata de una receta para panaderos avanzados, verdaderamente excepcional.

100 g (3 ½ oz/¾ de taza generosos) de uvas pasas
100 g (½ taza escasa) de agua hirviendo
170 g (6 oz/1 ⅓ tazas) de harina blanca de fuerza (panificable)
60 g (2 oz) de masa madre de centeno (véase la página 46)
4 g (½ cucharadita colmada) de sal marina fina
aceite vegetal, para engrasar

Día 1

Añade las pasas a un bol y vierte el agua hirviendo por encima. Cubre el bol y deja en remojo 1 hora.

Escurre las pasas y reserva el líquido del remojo en un bol grande. Reserva las pasas.

Añade agua a temperatura ambiente al líquido del remojo hasta obtener 130 g (½ taza generosa). Añade la harina y la masa madre al bol y mezcla los ingredientes hasta formar una pasta.

Vuelca la pasta sobre una superficie de trabajo y amásala 5 minutos. Es una masa pegajosa, como la de la chapata, por lo que te será útil la rasqueta para irla centrando. Añade la sal e incorpórala a la masa, luego sigue trabajándola 1-2 minutos más.

Extiende la masa en forma de cuadrado y esparce las pasas por encima. Dobla la masa para incorporar las pasas y sigue doblándola para que se distribuyan bien. Procura no amasar demasiado para que no se rompan las pasas.

Si usas el robot amasador, utiliza el accesorio de pala y mezcla los ingredientes 3 minutos a velocidad media. Añade la sal y sigue mezclando 1 minuto más a velocidad media. Agrega las pasas, reduce la velocidad y mezcla solo hasta que se integren las pasas.

Continúa en la página siguiente →

2 días
Sale 1 barra pequeña

Día 1
Remojo – 1 hora
Preparación – 15 minutos
Fermentación – 3 horas + una noche

Día 2
Preparación – 5 minutos
Fermentación – 2 horas
Cocción – 40 minutos

Masa madre

ANATOMÍA DEL PAN DE PASAS

pan alto

corteza fina y suave

textura abierta, aireada

pasas jugosas bien distribuidas

Continuación →

Unta el bol con un poco de aceite y pon la masa dentro, luego cúbrelo y deja fermentar a temperatura ambiente 1 hora.

Completa una serie de pliegues (véanse las páginas 28-31), cubre y deja reposar 1 hora.

Realiza una segunda serie de pliegues, cubre y deja reposar 1 hora más.

Deja el bol en el frigorífico toda la noche (así la masa resultará más fácil de manipular al día siguiente).

Día 2

Saca la masa del frigorífico y dale forma de barra mientras está aún fría. Si todavía está pegajosa, espolvorea un poco de harina sobre la superficie de trabajo.

Pon la masa en un molde metálico de 450 g (1 lb) untado con un poco de aceite, cubre y deja leudar 2 horas a temperatura ambiente.

Precalienta el horno a 220 °C con ventilador (475 °F/gas 9).

Cuece 40 minutos.

Deja enfriar antes de cortar el pan. Es ideal para servirlo con mantequilla, miel o queso curado tipo Cheddar.

Masa madre con patata y romero

Este es un tipo de pan salado, para acompañar sopas, estofados y platos sustanciosos. Más indicado para trocearlo a mano, está repleto de sabores intensos que ofrecen una deliciosa experiencia gustativa. Como todos los panes elaborados con masa madre, requiere su tiempo.

80 g (3 oz) de patatas para asar, con piel
aceite de oliva de calidad, para aliñar
sal marina y pimienta negra recién molida, al gusto

Para la masa

160 g (⅔ de taza) de agua, a temperatura ambiente
140 g (4 ½ oz) de masa madre blanca (véase la página 46)
200 g (7 oz/1 ½ tazas) de harina blanca de fuerza (panificable), y un poco más para espolvorear
1 cucharada de semillas de comino negro
½ cucharadita de romero troceado
10 g (2 cucharaditas) de aceite de oliva
4 g (½ cucharadita colmada) de sal marina fina

Día 1

Precalienta el horno a 180 °C con ventilador (400 °F/gas 6).

Pon las patatas enteras en una bandeja de horno, rocíalas generosamente con aceite de oliva y salpimiéntalas. Ásalas unos 40 minutos o hasta que queden doradas y crujientes por fuera y blanditas por dentro (dependerá del tamaño: no temas si se doran mucho, así resultarán más gustosas).

Sácalas del horno y déjalas templar antes de chafarlas con el dorso de una cuchara o con las manos: deben quedar trozos grandes.

Pon la masa madre en un bol con el agua y deshaz el producto con las manos. Añade la harina, las semillas, el romero y el aceite al bol y mezcla hasta que se forme una pasta.

Vuelca la masa sobre la superficie de trabajo y amásala 3 minutos, luego sálala. Incorpora vigorosamente la sal a la masa y continúa trabajándola 4 minutos más hasta que se vuelva suave y elástica.

Extiende la masa en forma de cuadrado y dispón las patatas por encima, luego dobla la masa con cuidado sobre las patatas. Dobla la masa unas cuantas veces para distribuir bien las patatas, pero con cuidado para no chafarlas demasiado.

Devuelve la masa al bol, cubre con un plato o un trapo de cocina húmedo y deja 2 horas a temperatura ambiente.

Pliega la masa (véanse las páginas 28-31), cubre y deja reposar 1 hora.

Completa una segunda serie de pliegues y deja reposar la masa 1 hora más.

Cubre y deja la masa en el frigorífico 8-12 horas o toda la noche.

---

2 días
Sale 1 barra

Paso 1
Asado - 40 minutos
Preparación - 20 minutos
Fermentación - 4 horas + una noche

Paso 2
Dar forma - 5 minutos
Fermentación - 2 horas
Cocción - 45 minutos

Día 2

Retira la masa del frigorífico y deja templar a temperatura ambiente antes de darle forma.

Enharina un cesto de fermentación y dale la forma deseada a la masa. Pon la masa en el cesto, cubre con un trapo de cocina húmedo y deja 2 horas a temperatura ambiente.

Precalienta el horno a 230 °C con ventilador (475 °F/gas 9). Pon una cacerola de hierro fundido en el horno para que se caliente.

Con cuidado, retira la cacerola del horno y vacía la masa dentro. Cubre con la tapa y hornea 35 minutos, luego destapa y cuece 10 minutos más.

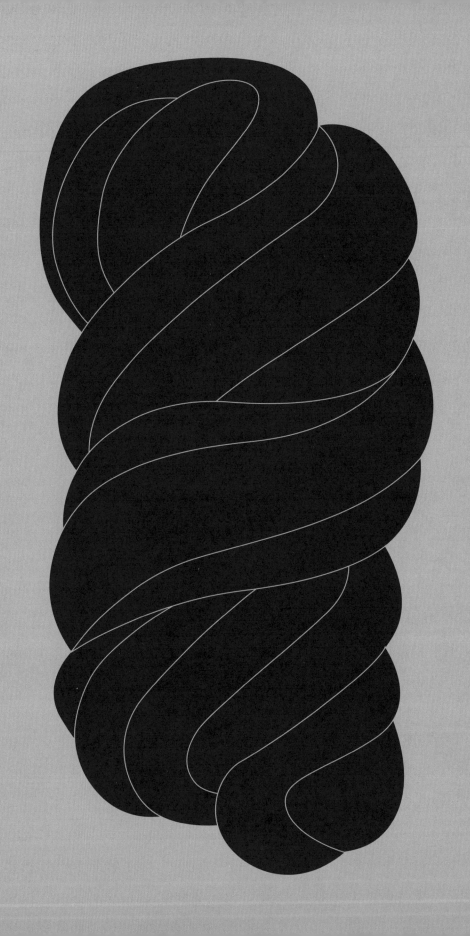

dos

Masas enriquecidas

Pan babka

Este es un producto nuevo en Bread Ahead, un pan que siempre había deseado elaborar. En esencia, se trata de un brioche con una mezcla de chocolate en la masa. Es deliciosamente meloso y enriquecido por la mantecosidad del brioche y el sabor dulce y amargo del chocolate. Como es tradicional, pintamos los babkas con sirope, una parte importante del proceso para darle un acabado húmedo y lustroso.

Prepara la masa al menos 12 horas antes de hornearla. Debe reposar en el frigorífico, de modo que lo ideal es prepararla la vigilia y hornearla por la mañana.

Para la masa

- 275 g (10 oz/2 tazas) de harina blanca de fuerza (panificable), y un poco más para espolvorear
- 6 g (1 cucharadita) de sal
- 30 g (2 ½ cucharadas) de azúcar extrafino
- 2 huevos
- 100 g (½ taza escasa) de leche entera
- 8 g (1 ½ cucharaditas) de levadura fresca o 4 g (1 ¼ cucharaditas) de levadura seca activa
- 100 g (3 ½ oz) de mantequilla sin sal

Para el relleno

- 50 g (2 oz) de chocolate negro (70 % de cacao)
- 50 g (2 oz) de mantequilla sin sal
- 1 huevo
- 50 g (2 oz/¼ de taza) de azúcar extrafino
- 15 g (2 cucharadas) de cacao en polvo

Para el glaseado

- 100 g (3 ½ oz/½ taza escasa) de azúcar extrafino
- 80 g (⅓ de taza) de agua

Día 1

Mezcla todos los ingredientes de la masa, a excepción de la mantequilla, en un bol. Vuelca la masa sobre la superficie de trabajo y con la palma de la mano amásala 5 minutos.

Deja reposar 1 minuto.

Luego, sigue amasando y empieza a añadir la mantequilla, un tercio a la vez, hasta incorporarla toda. Trabaja la masa 5 minutos más hasta que quede lustrosa, suave y muy elástica al estirarla (véase el consejo de la página siguiente).

Devuelve la masa al bol, cúbrela con un plato y deja fermentar entre 45 minutos y 1 hora hasta que doble su tamaño. Procura no dejarla fermentar en exceso, ya que esta masa crece mucho en el horno.

Aprieta la masa para sacarle el aire, cubre el bol de nuevo y refrigera toda la noche.

Día 2

Enharina un poco la superficie de trabajo. Saca la masa del frigorífico, ponla sobre la superficie de trabajo y deja reposar mientras preparas el relleno de chocolate y forras dos moldes metálicos de 450 g (1 lb) con papel vegetal.

Para el relleno, añade el chocolate y la mantequilla a un bol resistente al calor y derrítelos al baño maría. Procura que el agua no se caliente demasiado ni toque la base del bol. Cuando se hayan fundido, retira del fuego y remueve para combinarlos bien.

Continúa en la página siguiente →

---

2 días
Salen 2 panes

Día 1
Preparación - 15 minutos
Fermentación - hasta 1 hora
Reposo - toda la noche

Día 2
Preparación - 30 minutos
Fermentación - 1 hora
Cocción - 30 minutos

Masas enriquecidas

Continuación →

En otro bol, mezcla el huevo, el azúcar y el cacao en polvo hasta obtener una pasta ligera. Añade el chocolate derretido y sigue mezclando hasta que el resultado quede homogéneo.

Enharina ligeramente la superficie de la masa y pasa un rodillo. Forma un rectángulo con la masa, de unos 40 × 45 cm (16 × 18 in). Colócalo de modo que la parte más larga te quede enfrente. Extiende el chocolate templado sobre la superficie de la masa, dejando un margen de 1-2 cm (½-¾ in) en el lado más cercano a ti sin chocolate: servirá para sellar el babka [dibujos 1 y 2].

Desde el margen más alejado, empieza a envolver la masa a lo ancho, pellizcando y enrollando la masa hacia ti con el pulgar y el índice. La unión final debe quedar debajo, contra la superficie de trabajo. Acaba enharinando el cilindro por encima. Corta la masa con un cuchillo afilado a lo largo dejando al descubierto las capas interiores del babka. Con cada mitad, se preparará un babka [dibujos 3, 4 y 5].

Forma una U con cada mitad. Empezando por el lado derecho, envuélvelo sobre el izquierdo, luego repite la operación llevando la parte derecha de la masa sobre la izquierda, como se muestra en la página siguiente. No te preocupes si no queda perfecto [dibujos 6 y 7].

Repite con la otra mitad de la masa y dispón cada una en los moldes preparados. Cubre con un trapo de cocina y deja fermentar en un lugar cálido 1 hora.

Precalienta el horno a 160 °C con ventilador (350 °F/gas 4).

Hornea los babkas 26-28 minutos hasta que se doren.

Mientras, prepara el glaseado. Pon el azúcar y el agua en un cazo a fuego medio, removiendo hasta que se disuelva el azúcar. Lleva la mezcla a ebullición, luego retira del fuego y reserva. (El glaseado se conserva durante semanas en el frigorífico en un recipiente hermético.)

Pinta los babkas con el glaseado en cuanto los saques del horno y déjalos enfriar en los moldes.

Consejo

Si usas un robot amasador, vigila que no se sobrecaliente, ¡necesita reposar, como la masa! Después de mezclar los ingredientes, deja reposar la masa 1 minuto, luego vuelve a amasar a velocidad media y poco a poco añade la mantequilla, una cuarta parte a la vez. Tras incorporarla, amasa a velocidad alta 5 minutos.

Cómo doblar un babka

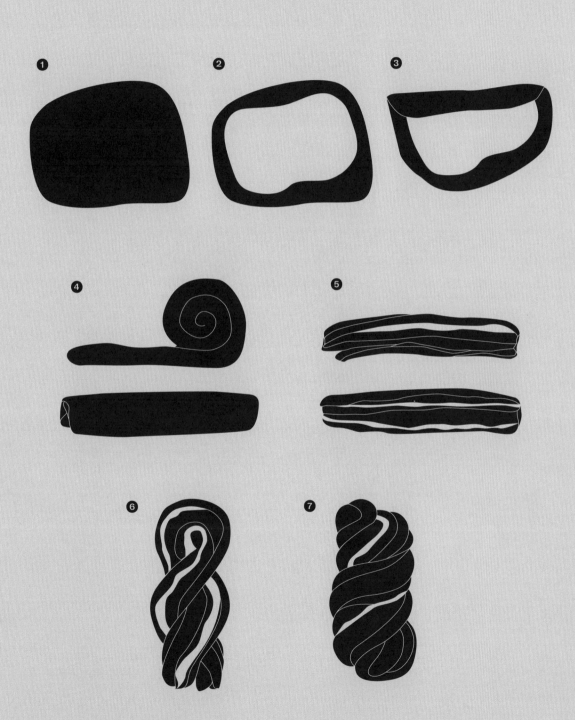

Challah

Aprender a trenzar un challah requiere una paciencia de santo porque es complicado. No obstante, una vez aprendas, te sorprenderás. Una trenza de seis hebras resulta una obra maestra.

Elaboramos el challah según los métodos tradicionales judíos, con aceite en la masa en lugar de mantequilla. Es un producto típico del sabbat y otras festividades, además de la Pascua judía. Es clásico decorarlo con semillas de amapola o sésamo. Para respetar todo el proceso, reserva una pequeña porción de la masa para quemarla en el horno como ofrenda.

Prepara la masa al menos 12 horas antes de hornearla. Debe reposar en el frigorífico, de modo que lo ideal es prepararla la vigilia y hornearla por la mañana.

300 g (10 ½ oz/2 tazas más 2 cucharadas) de harina blanca de fuerza (panificable), y un poco más para espolvorear
6 g (1 cucharadita) de sal
30 g (2 ½ cucharadas) de azúcar extrafino
2 huevos
80 g (⅓ de taza) de agua
8 g (1 ½ cucharaditas) de levadura fresca o 4 g (1 ¼ cucharaditas) de levadura seca activa
50 g (5 cucharadas) de aceite vegetal

Para glasear

1 huevo, batido

Día 1

Mezcla todos los ingredientes de la masa en un bol. Una vez combinados, vuelca la masa sobre la superficie de trabajo y con la palma de la mano amásala 5 minutos.

Si usas un robot amasador, vigila que no se sobrecaliente, ¡necesita reposar, como la masa! Una vez todo bien combinado, amasa a velocidad media 5 minutos.

Devuelve la masa al bol, cúbrela con un plato y deja fermentar hasta que doble su tamaño, alrededor de 1 hora.

Aprieta la masa para sacarle el aire. Cubre de nuevo el bol y refrigéralo toda la noche.

Día 2

Saca la masa del frigorífico y ponla sobre una superficie de trabajo enharinada. Divide la masa en seis trozos iguales, de unos 100 g (3 ½ oz) cada uno.

Con las palmas de las manos, forma tiras de 40 cm (16 in) con cada trozo (el tamaño de la bandeja de cocción te servirá de guía). Enharina un poco cada tira de masa para que no se sequen mientras haces el resto.

Continúa en la página siguiente →

---

2 días
Sale 1 barra

Día 1
Preparación — 10 minutos
Fermentación — 1 hora
Reposo — toda la noche

Día 2
Preparación — 15 minutos
Fermentación — 1 hora
Cocción — 19 minutos

Masas enriquecidas

Cómo trenzar un challah

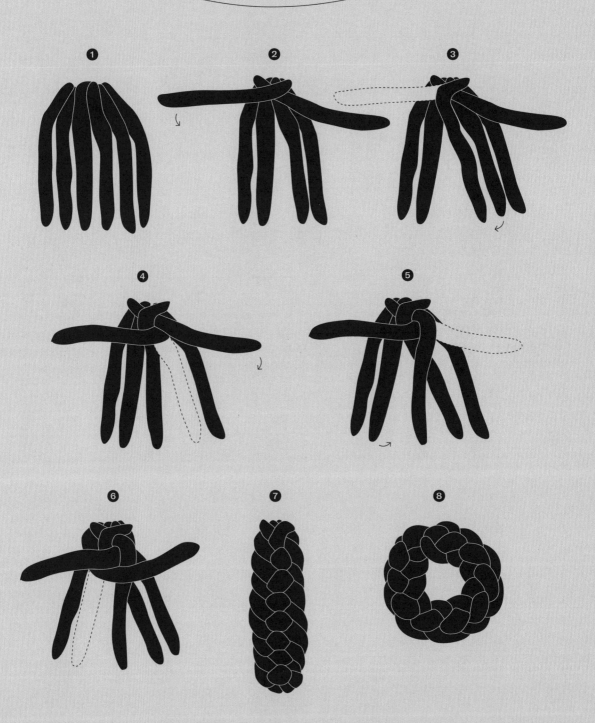

Continuación →

Vamos a darle forma. Hay que ponerle ganas, ya que una trenza de seis hebras no es fácil, pero con paciencia se logra.

Primero, dispón las seis tiras de masa delante de ti, paralelas entre ellas. Une las partes superiores de tres tiras, y las partes superiores de las otras tres. Une los dos grupos por arriba, pellizcando firmemente las puntas. Ahora todas las tiras estarán unidas por arriba [dibujo 1].

Separa las tiras en cuatro grupos. Las tiras de los extremos se entrecruzan, y las interiores forman dos parejas.

Cruza las tiras exteriores una sobre la otra, echando los extremos hacia los lados para separarlos del resto de tiras [dibujo 2].

* Lleva la tira exterior izquierda al centro, agrupándola junto a las tiras hacia la derecha. Lleva la segunda tira de la derecha hacia el extremo izquierdo. Lleva la tira exterior derecha al centro, agrupándola junto a las tiras hacia la izquierda. Lleva la segunda tira de la izquierda hacia el extremo derecho [dibujos 3, 4 y 5].

Ahora, repite la secuencia desde el asterisco (*) hasta terminar la trenza, luego une los finales, presionándolos con gracia. Si es necesario, vuelve a separarlos y juntarlos por debajo para que queden bien unidos [dibujo 7].

Puedes dejar el challah en forma alargada o bien formar una corona, uniendo ambos extremos [dibujo 8].

Pon el challah sobre la bandeja forrada con papel vegetal. Cubre con un trapo de cocina y deja fermentar en un lugar cálido 1 hora.

Precalienta el horno a 170 °C con ventilador (375 °F/gas 5).

Pinta generosamente el challah con huevo batido. Hornea la trenza 19 minutos hasta que se dore.

Deja enfriar sobre una rejilla antes de consumir.

Rollos de canela con crema

La primera vez que probé un rollo de canela con crema fue en el aeropuerto de Phoenix, Arizona, un lugar poco habitual para un descubrimiento gastronómico, y cambió mi vida. Me sobrecogió esta delicia. Reúne todo lo que uno desea de una experiencia gustativa, especialmente si los rollos están calientes y la crema de queso se derrite.

Para la masa

50 g (2 oz/½ taza) de harina blanca de centeno
450 g (1 lb/3 ½ tazas) de harina blanca de fuerza (panificable), y un poco más para espolvorear
80 g (3 oz/⅓ de taza) de azúcar extrafino
10 g (1 ½ cucharaditas) de sal marina fina
½ cucharadita de canela molida
300 g (1 ¼ tazas) de leche entera
10 g (2 cdtas.) de levadura fresca
100 g (3 ½ oz) de mantequilla sin sal, en dados

Para el relleno

180 g (6 ½ oz) de mantequilla sin sal ablandada
225 g (8 oz/1 ¼ tazas) de azúcar moreno blando oscuro
75 g (2 ½ oz/½ taza escasa) de azúcar moreno blando claro
3 cucharadas de canela molida

Para el glaseado (opcional)

200 g (7 oz/1 taza escasa) de azúcar extrafino
zumo de 1 limón y 1 naranja
1 ramita de canela

Para la crema

50 g (2 oz) de mantequilla sin sal ablandada
125 g (4 oz) de queso para untar
150 g (5 oz/1 ¼ tazas) de azúcar glas, tamizado
unas gotas de zumo de limón

Paso 1

Empieza con la masa. En un bol grande, mezcla las harinas, el azúcar, la sal y la canela, y remueve.

En otro bol, bate la leche con la levadura y el huevo.

Añade los ingredientes húmedos a los secos y remueve con una espátula o rasqueta para obtener una pasta pegajosa. Pasa la pasta a una superficie de trabajo y amásala 3 minutos hasta que notes que se vuelve elástica. Todavía no tendrá un aspecto homogéneo. Necesitarás una rasqueta o espátula durante todo el proceso de amasado para trabajar la masa.

Añade la mantequilla a la masa, un tercio a la vez. Coloca los dados de mantequilla sobre la superficie de la masa, luego amásala para incorporarlos antes de añadir más. Sigue amasando 3-5 minutos, con la espátula o rasqueta. Sabrás que la masa está lista cuando deje de pegarse a tu mano y a la superficie de trabajo. Ahora que tienes una masa suave, elástica y lustrosa, ponla en un bol limpio, cúbrela con un plato o gorro de ducha y déjala reposar en el frigorífico al menos 1 hora.

Paso 2

Mientras la masa reposa, prepara el relleno. Bate la mantequilla ablandada con los azúcares y la canela en un bol.

Saca la masa del frigorífico y ponla sobre una superficie de trabajo enharinada. Con un rodillo, forma un rectángulo con la masa, de unos 50 × 40 cm (19 ½ × 16 in).

Continúa en la página siguiente →

---

3 horas
Salen 12 rollos

Paso 1
Preparación – 20 minutos
Reposo – 1 hora

Paso 2
Preparación – 15 minutos
Fermentación – 1 hora
Cocción – 25 minutos

Masas enriquecidas

ANATOMÍA DE UN ROLLO DE CANELA

miga prieta y húmeda

cantidad generosa de crema

base caramelizada

Continuación →

Extiende la mezcla del relleno sobre la masa, dejando un pequeño margen en uno de los lados largos. Pinta el margen con un poco de agua (servirá para sellar la masa al enrollarla). Enrolla la masa a lo largo, empezando por el lado opuesto al margen sin relleno, y al final presiónalo con cuidado para cerrar el rollo. Deja reposar la masa un momento con la costura debajo.

Mientras, forra una bandeja con papel vegetal. Otra opción es hornear los rollos en una bandeja de 12 huecos para magdalenas.

Corta el cilindro de masa en 12 trozos, de unos 5 cm (2 in) de grosor. Disponlos sobre la bandeja (o en los agujeros para magdalenas) y presiónalos un poco para que queden de una altura de unos 4 cm (1 ½ in). Cúbrelos con un trapo de cocina limpio. Deja fermentar en un lugar cálido durante 1 hora hasta que casi doblen su tamaño y se toquen entre sí.

Mientras, prepara el glaseado, si usas. Es opcional, pero aporta un decadente dulzor a los rollos. Agrega todos los ingredientes a un cazo y calienta a fuego lento. Cuando se disuelva el azúcar, sube la potencia del fuego y lleva a ebullición, luego baja el fuego y deja burbujear un par de minutos. Retira del fuego y deja enfriar.

Para preparar la crema, la mantequilla y el queso deben estar a temperatura ambiente. Bate la mantequilla en un bol hasta que quede bien cremosa. Añade el queso, el azúcar y unas gotas de zumo de limón para darle sabor. Bate hasta obtener una crema suave. Puedes refrigerarla hasta el momento de su uso.

Precalienta el horno a 180 °C con ventilador (400 °F/gas 6).

Hornea los rollos 15 minutos, luego gira la bandeja en el horno y cuécelos 10 minutos más hasta que se doren.

Pásalos a una rejilla para que se enfríen, pero sin moverlos de la bandeja.

Una vez fríos, píntalos generosamente con el glaseado, si usas, y luego úntalos por encima con la crema. Puedes añadir otro hilillo de sirope por encima, si quieres.

Consejo

Puedes usar harina blanca multiusos en lugar de harina de fuerza, si lo deseas.

Brioche de molde

El brioche es una parte fundamental de la repostería francesa. Se trata de una masa increíblemente versátil que puede emplearse para elaborar diferentes productos. Recomendamos empezar preparando una barra clásica de brioche. Esta receta contiene algo menos de azúcar que otros brioches, y es ideal para patés, tarrinas y entremeses. Este pan se puede congelar debido a su elevado contenido en mantequilla, y resulta exquisito para preparar torrijas.

500 g (1 lb 2 oz/3 ½ tazas) de harina blanca de fuerza (panificable)
20 g (4 cucharaditas) de levadura fresca o 10 g (3 ¼ cucharaditas) de levadura seca
30 g (2 ½ cucharadas) de azúcar extrafino
10 g (1 ½ cucharaditas) de sal marina fina
5 huevos
25 g (5 cucharaditas) de leche entera
175 g de mantequilla sin sal, ablandada y en dados

Para terminar

aceite vegetal, para engrasar
1 huevo, batido
1 cucharada de azúcar perlado

Día 1

Añade todos los ingredientes excepto la mantequilla a un bol grande. Con la mano o una rasqueta, revuélvelos para formar una pasta pegajosa.

Pasa la pasta a una superficie de trabajo y amásala 5 minutos hasta que notes que se vuelve elástica. Todavía no tendrá un aspecto homogéneo.

Si usas robot amasador, coge el gancho con la mano y mezcla los ingredientes para formar la pasta en el bol. Luego, coloca el bol en el robot y conecta el gancho. A velocidad media, mezcla los ingredientes durante unos 8 minutos.

Añade la mantequilla a la masa, un tercio a la vez. Coloca los dados de mantequilla sobre la superficie de la masa, luego amásala para incorporarlos antes de añadir más. Necesitarás una rasqueta o espátula para reagrupar la masa y trabajarla junta durante el proceso de amasado. Sigue amasando unos 3-5 minutos más. Sabrás que la masa está lista cuando deje de pegarse a tu mano y a la superficie de trabajo.

Si usas un robot amasador, continúa trabajando la masa a velocidad media y añade la mantequilla a tercios, dejando 3 minutos entre tandas. El tiempo total de amasado debe sumar unos 8-10 minutos. Una vez lista, la masa será suave, lustrosa y elástica.

Vuelve a ponerla en un bol limpio o déjala en el bol del robot. Cubre con un plato o gorro de ducha y deja fermentar a temperatura ambiente 1-2 horas o hasta que doble de tamaño. Luego, guárdala en el frigorífico 12 horas o toda la noche.

Continúa en la página siguiente →

---

2 días
Salen 2 panes

Día 1
Preparación - 20 minutos
Fermentación - 1-2 horas
Reposo - toda la noche o al menos 12 horas

Día 2
Preparación - 5 minutos
Fermentación - 2 horas
Cocción - 28-30 minutos

85 Masas enriquecidas

ANATOMÍA DEL PAN DE BRIOCHE

corteza suave

tono dorado claro

miga de textura homogénea

textura sedosa y mantecosa

Continuación →

Día 2

Saca la masa del frigorífico y unta con un poco de aceite dos moldes metálicos de 900 g (2 lb).

Divide la masa por la mitad y da forma de pan a cada parte. Añádelas a los moldes, cubre de nuevo y deja fermentar a temperatura ambiente 2 horas o hasta que la masa llegue al borde del molde. La masa debe notarse elástica al tacto.

Precalienta el horno a 160 °C con ventilador (350 °F/gas 4).

Pinta el brioche con huevo batido y espolvoréalo con azúcar perlado, si lo deseas.

Hornea durante 28-30 minutos hasta que se dore.

Retira los brioches de los moldes y deja enfriar sobre una rejilla.

Bollos de brioche con crema pastelera

Estos bollos son parecidos a los bollos suizos por su base de masa de brioche. Lo ideal es prepararlos la vigilia para hornearlos por la mañana como desayuno sensacional. Pueden incluir variedad de frutas de temporada. Los frutos del bosque, como frambuesas o arándanos, les van especialmente bien, pero también nos gustan con fruta seca como unas ciruelas.

200 g (7 oz/1 ½ tazas) de harina blanca de fuerza (panificable)
8 g (1 ½ cucharaditas) de levadura fresca
12 g (1 cucharada) de azúcar extrafino
2 g (¼ de cucharadita colmada) de sal marina fina
2 huevos
10 g (2 cucharaditas) de leche entera
75 g (2 ½ oz) de mantequilla sin sal

Para la crema pastelera

½ vaina de vainilla
250 g (1 taza) de leche entera
3 yemas de huevo
60 g (2 oz/⅓ de taza) de azúcar extrafino
20 g (2 cucharadas colmadas) de harina blanca

Para terminar

aceite vegetal, para engrasar
1 huevo, batido
frutas al gusto, para decorar
azúcar extrafino, para decorar
almendras laminadas (opcional)
azúcar glas, para decorar

Día 1

Elabora la masa de brioche como se indica en la receta de las páginas 84-87 y refrigérala toda la noche.

Día 2

Forra una bandeja grande con papel vegetal y pinta el papel con un poco de aceite.

Saca la masa del frigorífico y divídela en ocho porciones, cada una de unos 50 g (2 oz). Forma bolas con cada porción siguiendo el método detallado en las páginas 36-39.

Dispón las bolas sobre la bandeja, dejando un buen espacio entre ellas porque van a crecer. Cubre y deja fermentar a temperatura ambiente 1-2 horas o hasta que cada bola alcance un diámetro de 7-8 cm (3 in). Es importante que el brioche fermente bien, si no empujará hacia fuera las frutas y la crema pastelera al cocerse.

Mientras leuda la masa, prepara la crema pastelera siguiendo las instrucciones de la página 182.

Precalienta el horno a 190 °C con ventilador (400 °F/gas 6).

Cuando la masa esté lista, presiona un poco el centro de cada bola con tres dedos. Pon una cucharada de crema pastelera en cada agujero y luego un poco de fruta.

Pinta los márgenes de la masa con huevo batido y espolvorea con un poco de azúcar o almendras laminadas. Hornea los bollos durante 16-18 minutos hasta que se doren.

Retira del horno y espolvorea con azúcar glas. Son perfectos para tomar calientes con café.

---

2 días
Salen 8 bollos

Día 1
Preparación - 20 minutos
Fermentación - 1-2 horas
Reposo - toda la noche o al menos 12 horas

Día 2
Preparación - 1 hora 15 minutos
Fermentación - 1-2 horas
Cocción - 16-18 minutos

Panecillos de Pascua

Estos panecillos son típicos de la Pascua anglosajona. En Bread Ahead, solos los preparamos durante el período de Semana Santa, pero no nos extrañará si los elaboras todo el año en tu cocina. Prescindiendo de la cruz, tendrás unos sensacionales bollos para el té. Incluso al cabo de unos días, puedes abrirlos, tostarlos y disfrutarlos con mantequilla antes de una siesta.

Para los panecillos

250 g (9 oz/2 tazas escasas) de harina blanca de fuerza (panificable), y un poco más para espolvorear
3 g (½ cucharadita) de sal marina fina
40 g (3 ¼ cucharadas) de azúcar extrafino
30 g (1 oz) de mantequilla sin sal, ablandada y en dados
8 g (1 ½ cucharaditas) de levadura fresca o 4 g (1 ¼ cucharaditas) de levadura seca activa
140 g (½ taza generosa) de leche entera
40 g (1 ½ oz/⅓ de taza) de pasas sultanas
25 g (¾ oz/3 cucharadas) de fruta confitada variada
2 g (1 cucharadita) de especias para recetas dulces
3 g (1 ½ cucharaditas) de nuez moscada

Para pintar las cruces

100 g (3 ½ oz/¾ de taza) de harina blanca de fuerza (panificable)
una pizca de sal marina fina
120 g (½ taza) de agua

Para el glaseado

100 g (3 ½ oz/½ taza) de azúcar moreno blando claro
20 g (1 ½ cucharadas) de zumo de limón
80 g (⅓ de taza) de agua

Añade la harina, la sal, el azúcar y la mantequilla a un bol grande. Incorpora la mantequilla con las manos para formar una mezcla grumosa. Disuelve la levadura con la leche y luego añádela al bol. Con la rasqueta o la mano, mezcla los ingredientes para formar una pasta. Cerciórate de que no queden grumos de harina o mantequilla.

Traslada la masa a la superficie de trabajo y amásala. Trabaja la masa durante 5 minutos sujetándola con una mano y estirándola y doblándola con la otra hasta que se suavice. Extiende la masa en forma de pizza y dispón la fruta y las especias en el centro. Dobla la masa para cubrir la fruta y trabájala con cuidado para incorporar y repartir bien el relleno.

Traslada la masa a un bol, cúbrela con un trapo húmedo, un plato o un gorro de ducha y déjala reposar a temperatura ambiente 1 hora o hasta que doble su tamaño.

Forra una bandeja grande con papel vegetal. Vuelca la masa sobre una superficie enharinada y córtala en porciones de 65 g (2 ¼ oz). Forma una bola con cada una y colócalas en la bandeja. Deja espacio entre ellas porque van a expandirse. Cubre con un trapo húmedo y deja fermentar a temperatura ambiente 1 hora o hasta que doblen de tamaño.

Mientras los panecillos suben, prepara la mezcla para las cruces y el glaseado.

Para pintar las cruces, mezcla la harina, sal y agua hasta obtener una pasta suave, y luego introdúcela en una manga pastelera con una boquilla de 4 mm (¼ in).

Para el glaseado, combina el azúcar con el zumo de limón y el agua en un cacito y llévalo a ebullición.

Precalienta el horno a 180 °C con ventilador (400 °F/gas 6).

Una vez fermentados los panecillos, pinta una cruz sobre cada uno.

Hornéalos durante 16 minutos hasta que se doren.

Sácalos del horno y ponlos sobre una rejilla. Pasados 2 minutos, píntalos con el glaseado.

---

2 horas 40 minutos
Salen 8 panecillos

Preparación – 25 minutos
Fermentación – 2 horas
Cocción – 16 minutos

Masas enriquecidas

Bollos belgas

Tuve la suerte de crecer en los años setenta y ochenta, cuando todavía existían muchas pastelerías artesanales, por lo que estos bollos con la cereza encima simbolizan aquella etapa repostera. Hemos adaptado la crema de limón para que sea más cítrica, como contrapunto al dulzor del azúcar y la cereza. Esta receta es un pecado irresistible.

500 g (1 lb 2 oz/3 ½ tazas) de harina blanca de fuerza (panificable), y un poco más para espolvorear
3 g (½ cucharadita) de sal marina fina
20 g (¾ oz/2 cucharadas) de azúcar extrafino
280 g (1 taza más 2 cucharadas) de leche entera
10 g (2 cucharaditas) de levadura fresca o 5 g (1 ¼ cucharaditas) de levadura seca
ralladura de 1 limón
1 yema de huevo
80 g (3 oz) de mantequilla sin sal, ablandada

Para el relleno

100 g (3 ½ oz/½ taza escasa) de crema de limón
120 g (4 oz/1 taza) de pasas sultanas

Para la cobertura

250 g (9 oz/2 tazas) de azúcar glas
1-2 cucharadas de zumo de limón
12 guindas

Paso 1

Añade la harina, la sal y el azúcar a un bol grande, y remueve.

En otro bol, bate la leche con la levadura, la ralladura de limón y el huevo.

Añade los ingredientes húmedos a los secos y revuelve con una rasqueta para obtener una pasta pegajosa. Pasa la pasta a una superficie de trabajo y amásala 3 minutos hasta que notes que se vuelve elástica. Todavía no tendrá un aspecto homogéneo.

Añade la mantequilla a la masa, un tercio a la vez. Coloca los dados de mantequilla sobre la superficie de la masa, luego amásala para incorporarlos antes de añadir más. Sigue amasando 3-5 minutos, con la espátula o rasqueta. Sabrás que la masa está lista cuando deje de pegarse a tu mano y a la superficie de trabajo. Ahora que tienes una masa suave, elástica y lustrosa, ponla en un bol limpio, cúbrela con un plato o gorro de ducha y déjala reposar en el frigorífico al menos 1 hora, pero mejor toda la noche.

Paso 2

Dispón la masa sobre una superficie enharinada y con el rodillo extiéndela en forma de rectángulo, de unos 50 × 40 cm (20 × 16 in).

Extiende la crema de limón sobre la masa, dejando un pequeño margen en uno de los lados largos. Esparce las pasas por encima, presionándolas suavemente en la crema. Pinta el margen con un poco de agua y enrolla la masa a lo largo desde el lado opuesto, presionando el margen sin relleno para cerrar el cilindro. Deja reposar la masa un momento con la costura debajo.

Continúa en la página siguiente →

---

3 ½ horas (o 2 días)
Salen 12 bollos

Paso 1
Preparación – 20 minutos
Reposo – 1 hora o toda la noche

Paso 2
Preparación – 10 minutos
Fermentación – 1 hora
Cocción – 25 minutos
Enfriamiento – 30 minutos
Acabado – 5 minutos

Masas enriquecidas

ANATOMÍA DE LOS BOLLOS BELGAS

una guinda en lo alto

generoso relleno

dorados homogéneamente

Continuación →

Forra una bandeja con papel vegetal. Corta el cilindro de masa en 12 trozos, de unos 4 cm (1½ in) de grosor. Con cuidado, pásalos sobre la bandeja y presiónalos un poco. Otra opción es hornear los bollos en una bandeja de 12 huecos para magdalenas. Cubre con un trapo de cocina y deja fermentar en un lugar cálido durante 1 hora hasta que casi doblen su tamaño y se toquen entre sí.

Precalienta el horno a 180 °C con ventilador (400 °F/gas 6).

Hornea los bollos 15 minutos, luego gira la bandeja en el horno y cuécelos 10 minutos más hasta que se doren. Retira del horno y desliza el papel de horno con los bollos sobre una rejilla para que se enfríen.

Mientras, prepara la cobertura. Tamiza el azúcar en un bol. Añade el zumo de limón: 1 cucharada a la vez, batiendo para que se combine (añade más zumo si es necesario: la cobertura debe ser de consistencia algo espesa).

Una vez fríos los bollos, báñalos generosamente con la cobertura y remátalos con una guinda.

Masas enriquecidas

Roscón de Reyes (Rosca de Pascua)

Existen diferentes versiones de esta receta, pero vamos a centrarnos en la más tradicional española. Como en Francia para la galette des rois, las pastelerías españolas esconden una figurita de cerámica en su interior. Se corona rey del año al afortunado que le toca la figurita. Es un dulce que se toma el día de la Epifanía, por eso se le llama roscón de Reyes. Pretende ser una pieza central que aporte color y belleza a la mesa. Esta receta es para un roscón de 8-10 raciones, pero es fácil dividir las cantidades por la mitad para preparar uno más pequeño.

500 g (1 lb 2 oz/3 ½ tazas) de harina blanca de fuerza (panificable)
20 g (4 cucharaditas) de levadura fresca
30 g (2 ½ cucharadas) de azúcar extrafino
10 g (1 ½ cucharaditas) de sal marina fina
5 huevos
25 g (5 cucharaditas) de leche entera
175 g (6 oz) de mantequilla sin sal, ablandada

Para terminar

1 huevo, batido
4 rodajas de naranja confitada (véase la página 273)
un puñado de azúcar perlado
un puñado de almendras laminadas
azúcar glas, para decorar

Para el sirope del glaseado

100 g (3 ½ oz/½ taza) de azúcar moreno blando claro
40 g (3 cucharadas escasas) de agua
zumo de ½ limón

Día 1

Prepara la masa según las instrucciones para el día 1 de la receta del brioche de molde (página 84).

Día 2

Forra una bandeja con papel vegetal.

Para dar forma al roscón, tras fermentar toda la noche, enrolla la masa como una salchicha y luego une los extremos. Sella bien las dos puntas y colócalo sobre la bandeja. Pinta generosamente la masa con el huevo batido.

Presiona las rodajas de naranja sobre el roscón, dejando espacios uniformes (como si marcaras los 4 puntos cardinales) y esparce el azúcar perlado y las almendras por encima. Deja que fermente a temperatura ambiente 1 hora.

Mientras, precalienta el horno a 160 °C con ventilador (350 °F/gas 4).

Hornea durante 35 minutos hasta que se dore.

Mientras se cuece el roscón, prepara el sirope para glasearlo. Mezcla el azúcar con el agua y el zumo de limón en un cazo, lleva a ebullición, baja el fuego y cuece 2 minutos.

En cuanto retires el roscón del horno, píntalo a tu antojo con el delicioso glaseado. Espolvorea con azúcar glas para servir.

---

2 días
8-10 raciones

Día 1
Preparación - 20 minutos
Fermentación - 1-2 horas
Reposo - toda la noche o al menos 12 horas

Día 2
Preparación - 10 minutos
Fermentación - 1 hora
Cocción - 35 minutos

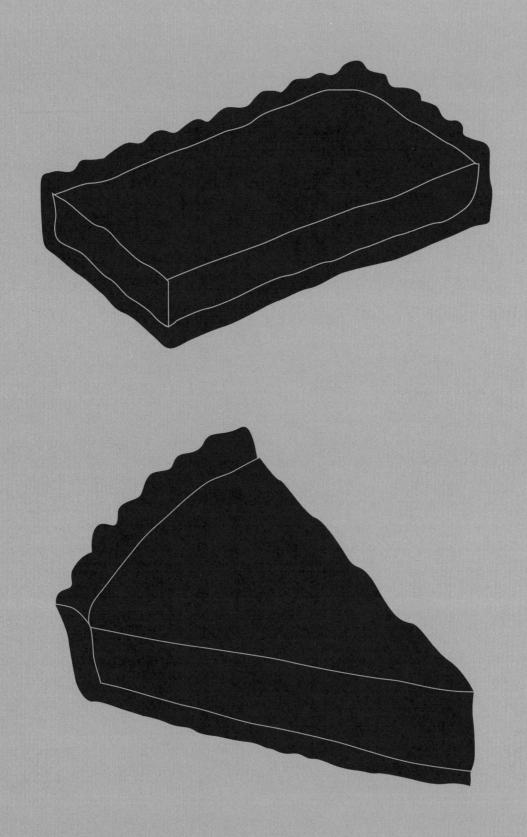

tres

Repostería y tartas

Fundamentos de repostería

Para confeccionar buenas pastas, la práctica hace al maestro. He aquí algunos consejos profesionales para empezar con buen pie.

Empieza con algo sencillo

Si te estrenas con la repostería, te recomiendo empezar con nuestra tarta de manzana (página 108). Es una receta donde la masa es muy importante. Las manzanas, claro está, aportan sabor y son el complemento perfecto para la masa mantecosa, pero la masa es la estrella. No te preocupes por la presentación al principio, el sabor y la satisfacción son el objetivo de esta receta.

Pesar

Es clave pesar los ingredientes.

Temperatura

Las pastas suelen tener un elevado contenido de mantequilla. Por eso deben prepararse y luego reposar en el frigorífico, especialmente si en casa hace calor (por encima de 24 ºC/75 ºF).

Amasar a mano o a máquina

Ambas opciones son buenas, pero para masas grandes (más de 500 g/1 lb 2 oz), aconsejo un robot amasador. Es esencial recordar que no hay que trabajar la masa en exceso. A diferencia de las masas de pan, no se pretende desarrollar la red glutínica al elaborar pastas. Este es el principal motivo por el que se suele recomendar el uso de harina blanca multiusos, ya que contiene menos gluten y se obtiene una textura que se desmiga más.

Extender la masa

Conseguir una masa homogénea y bien redonda parece fácil, pero requiere cierta práctica. Es importante enharinar un poco y por igual la superficie de trabajo para que no se pegue. La masa necesita una temperatura uniforme, de modo que hay que dejar que se adapte primero a la temperatura ambiente si ha pasado la noche en el frigorífico. Rota la masa cada par de movimientos y procura siempre que haya harina debajo [fotos 1 y 2 de la página 105].

¿Masa quebrada azucarada o masa quebrada?

Trabajar con masa quebrada azucarada requiere más paciencia y habilidad. Las masas quebradas azucaradas de este libro son más delicadas y difíciles de manipular. Si la cocina o tus manos están calientes, hará falta enfriar la masa antes de estirarla, pero trabájala un poco al sacarla del frigorífico para facilitar el proceso. Si la repostería es algo nuevo para ti, prueba primero la masa quebrada normal.

Masa que se rompe

Es posible que la masa se rompa al estirarla. Puede deberse a dos razones:

- Demasiado fría: no la fuerces al estirarla. Al sacarla del frigorífico, deja que se temple a temperatura ambiente. También puedes hacerla pedacitos para que se temple y luego reunirlos en una pieza.
- Falta de líquido: las distintas variedades de harina absorben el líquido de forma diferente. Presta atención para saber si tu masa requiere más agua/huevo.

Pasar la masa al molde

El rodillo es tu principal ayuda para este paso.

Enharínalo antes de enrollar la masa en el rodillo y úsalo para trasladarla al molde. Coloca la masa sobre el molde y desenróllala con cuidado.

Deja que los bordes de la masa caigan dentro de los bordes del molde, luego repasa el perímetro del mismo recogiendo el exceso de masa con una mano y presionando suavemente la masa hacia los ángulos de la base del molde.

Saca los bordes de la masa hacia el exterior del molde y, de nuevo, presiónala contra los lados y bordes del molde, dejando que el exceso de masa cuelgue hacia fuera.

Finalmente, haz rodar el rodillo por encima del molde para cortar el exceso de masa [fotos 3, 4, 5, 6 y 7 de las páginas 105-107].

Hornear en blanco

Aquí es donde nuestras habilidades no pueden fallar. La masa bien estirada se cocerá uniformemente. La masa estirada desigualmente, no.

Antes de cocerla sin relleno, recomiendo meter la masa en el frigorífico o congelador durante al menos 30 minutos. Así «cuajará» la masa de los bordes de forma que se mantendrá en su lugar mientras se hornea.

Un consejo profesional, para reposteros avezados, es empezar con el horno más caliente –170-180 °C con ventilador (375-400 °F/gas 5-6)– los primeros 10 minutos, y luego reducir el calor a 150-160 °C con ventilador (350 °F/gas 4) para los 10 minutos restantes; así la masa se cocerá bien y la base quedará crujiente. No hay nada más desagradable que una base humedecida. Este sistema además ayudará a la masa a «cuajar» al cocerse antes de que pueda bajar por los lados. Luego, sigue la receta para cocer el relleno.

En la actualidad, muchos reposteros usan una doble capa de papel film transparente con bolitas cerámicas para rellenar la base de la tarta antes de hornearla en blanco. Es una buena manera de cocerla bien y por igual. Tal vez te suene raro meter papel film en el horno, pero se puede hacer sin problema. Confía en mí.

❺

❻

Tarta de manzana

Todo repostero necesita una buena receta de tarta de manzana en su repertorio, y a mi parecer, debería ser esta. Me gusta usar una combinación de manzanas Bramley, por su acidez, y Granny Smith, que aportan una textura crujiente. Una pizca de canela molida da un delicado sabor, y yo añado uno o dos clavos de olor enteros para deleite del afortunado que los encuentra. Esta tarta combina a la perfección con crema inglesa o helado de vainilla.

Para la masa

20 g (2 cucharadas) de azúcar moreno blando claro
160 g (5 ½ oz/¾ de taza escasa) de azúcar extrafino, y un poco más para espolvorear
250 g (9 oz) de mantequilla sin sal, y un poco más para engrasar
4 yemas de huevo
450 g (1 lb/3 ⅓ tazas) de harina blanca de fuerza (panificable), y un poco más para espolvorear
una pizca de sal marina fina
leche, para el glaseado

Para el relleno

4 manzanas: 2 manzanas de mesa (Granny Smith o similar) y 2 manzanas Bramley (por su sabor) (600 g/1 lb 5 oz en total, ya peladas y descorazonadas)
100 g (3 ½ oz/½ taza) de azúcar demerara, o al gusto
1-2 clavos de olor
1 cucharadita de canela molida
1-2 cucharadas de harina de maíz (opcional)

Para la masa, pon los azúcares y la mantequilla en un bol y bátelo hasta formar una crema esponjosa. Añade las yemas, de una en una, incorporándolas poco a poco para que no cuajen, luego tamiza la harina y la sal y mézclalo bien.

Forma una bola con la masa y aplánala un poco. Envuélvela en papel vegetal y refrigérala durante al menos 30 minutos, pero mejor toda la noche.

Unta con mantequilla un molde de 26 cm (10 in), con un mínimo de 3-4 cm (1 ½ in) de profundidad.

Saca la masa del frigorífico y deja que se temple. Divídela en dos partes casi iguales: la más grande será para la base y la otra para cubrir el relleno. Extiende la masa para la base sobre una superficie enharinada, hasta que tenga un grosor de 3 mm (⅛ in), luego forra el molde con ella, presionando para que llegue a todos los rincones. Haz rodar el rodillo sobre el molde para retirar la masa sobrante y recógela para añadirla a la otra mitad de la masa. Envuelve la masa con papel vegetal y déjala reposar en el frigorífico hasta su uso.

Refrigera el molde con la base durante 10-30 minutos.

Cuando vayas a cocer la base, precalienta el horno a 180 °C con ventilador (400 °F/gas 6).

Saca el molde con la base del frigorífico o congelador, cúbrelo con papel vegetal, llénalo con bolitas cerámicas y hornea en blanco durante 20 minutos o hasta que los márgenes se doren.

Retira el papel y las bolitas. Si la masa queda un poco cruda en el centro, vuelve a hornearla 3-5 minutos más o hasta que esté lista.

Mientras, prepara el relleno. Pela y corta las manzanas en dados de 1 cm (½ in). En un bol, mezcla las manzanas con el azúcar, los clavos, la canela y la harina de maíz, si usas. La harina de maíz favorece la absorción de la humedad excesiva para evitar que la masa se humedezca.

2-2 ½ horas + un reposo opcional de una noche
8 raciones

Preparación - 10 minutos
Primer reposo - 30 minutos
o toda la noche

Preparación - 10 minutos
Segundo reposo - 10-30 minutos
Primera cocción - 20-25 minutos
Cocción final - 40-45 minutos

Añade el relleno a la base de la tarta, luego pinta los bordes con agua para sellar mejor la masa.

Extiende la masa para cubrir la tarta hasta que mida 1-2 cm (½-¾ in) más de su diámetro. Colócala encima y presiona los márgenes con el pulgar y el índice para unir las dos masas. Con un cuchillo afilado recorta la masa sobrante. Pinta la tarta con leche y espolvorea azúcar por encima para que quede crujiente. Con un cuchillo afilado, practica una cruz en la masa para que salga el vapor.

Si lo deseas, puedes aprovechar la masa sobrante para decorar la tarta con formas de hoja.

Hornea durante 40-45 minutos hasta que se dore.

Puedes dejar que la tarta se temple y luego refrigerarla toda la noche para que la fruta repose. Recalienta durante 30 minutos en el horno precalentado a 150 °C con ventilador (350 °F/gas 4).

Tarta Bakewell

En este caso, como en el de otros clásicos británicos, nos gusta respetar al máximo la receta tradicional. Un aspecto clave que potenciará el resultado de tu tarta Bakewell es el uso de mermelada casera, que le da un sabor explosivo y combina a la perfección con el relleno de almendra. La receta tradicional se hace con mermelada de frambuesas, pero puedes elegir la que quieras.

Para la masa

- mantequilla ablandada, para engrasar
- 100 g (3 ½ oz/¾ de taza) de harina blanca
- 50 g (2 oz/¼ de taza) de azúcar extrafino
- 50 g (2 oz/½ taza escasa) de sémola fina
- 100 g (3 ½ oz) de mantequilla sin sal fría, en dados

Para el franchipán

- 150 g (5 oz) de mantequilla sin sal, ablandada
- 150 g (5 oz/⅔ de taza generosa) de azúcar extrafino
- 3 huevos
- 150 g (5 oz/1 ½ tazas) de almendras molidas
- 1 cucharada de harina blanca

Para terminar

- 2 cucharadas colmadas de mermelada al gusto (véase la página 270 para una receta casera)
- un puñado de almendras laminadas

Precalienta el horno a 140 °C ventilador (325 °F/gas 3) y engrasa con mantequilla un molde de 20 cm (8 in) o una bandeja honda.

Para la masa, tamiza la harina en un bol grande con el azúcar y la sémola, y añade la mantequilla fría. Con los dedos, frota la mantequilla con la harina hasta obtener una mezcla grumosa pero homogénea.

Traslada la mezcla a una superficie de trabajo y extiéndela hasta que adquiera un grosor de 3 mm (1/8 in). Forra el molde con la masa, presionándola contra los márgenes.

Pincha la base de la masa con un tenedor y hornéala 12 minutos.

Mientras, prepara el franchipán. Pon la mantequilla y el azúcar en un bol y bátelos hasta obtener una crema. Añade los huevos, de uno en uno, incorporándolos poco a poco para que no cuajen, luego añade las almendras molidas y mézclalo bien.

Retira el molde del horno y sube la temperatura a 160 °C con ventilador (350 °F/gas 4).

Con cuidado, reparte la mermelada sobre la base. Extiende el franchipán (o crema de almendras) por encima y decóralo con unas almendras laminadas. Hornea durante 28-30 minutos hasta que se dore.

Deja enfriar la tarta y saboréala con un té.

1 hora
8-10 raciones

Preparación – 20 minutos
Primera cocción – 12 minutos
Cocción final – 28-30 minutos

Tarta de arándanos

Este clásico nórdico ofrece sabores singulares. La harina de centeno aporta un dulzor tostado a la masa y la crema incorpora la acidez de los arándanos. Se trata de una receta sencillísima. Se puede elaborar con otras frutas: queda fenomenal con cerezas, moras o frambuesas.

Para la masa

100 g (3 ½ oz/¾ de taza generosa) de harina blanca, y un poco más para espolvorear
50 g (2 oz/½ taza) de harina de centeno oscura
100 g (3 ½ oz/½ taza escasa) de azúcar extrafino
1 cucharadita de levadura en polvo
100 g (3 ½ oz) de mantequilla sin sal, a temperatura ambiente, en dados, y un poco más para engrasar
1 huevo, ligeramente batido

Para el relleno

160 g (⅔ de taza) de crema agria
80 g (⅓ de taza escasa) de nata para montar
1 huevo, ligeramente batido
35 g (3 cucharadas) de azúcar extrafino
1 cucharadita de extracto de almendra (opcional)
300 g (2 tazas) de arándanos

Paso 1

Para la masa, combina las harinas con el azúcar y la levadura en un bol grande. Añade la mantequilla y frótala entre los dedos hasta obtener una mezcla de migas y grumos. Poco a poco, añade el huevo, batiendo hasta que quede bien incorporado. Compacta la masa y dale forma de pequeño disco. Cúbrela con papel vegetal y refrigérala durante al menos 30 minutos (así se relajará el gluten y será más fácil extenderla luego).

Mientras la masa reposa, prepara el relleno. Combina la crema agria con la nata, el huevo, el azúcar y el extracto de almendra, si lo usas, en un bol grande, y bate brevemente para mezclarlo bien. Reserva.

Paso 2

Precalienta el horno a 180 °C con ventilador (400 °F/gas 6). Engrasa un molde acanalado con base desmontable de 25 cm (10 in).

Saca la masa del frigorífico y ponla sobre una superficie de trabajo enharinada. Enharina la masa y con ayuda del rodillo forma un disco al menos 1-2 cm (½-¾ in) más grande que el molde. Gira la masa con frecuencia y espolvorea la superficie de trabajo con harina, si es necesario, para que no se pegue.

Enrolla la masa en el rodillo y, con cuidado, desenróllala sobre el molde. Presiona suavemente la masa contra los márgenes del molde para forrarlo, dejando colgar la masa sobrante por fuera. Pasa el rodillo por encima del molde para recortar el exceso de masa. Coloca el molde sobre una bandeja de horno.

Añade los arándanos a la base de la tarta para cubrirla y luego vierte el relleno.

Hornea durante 28-30 minutos hasta que cuaje el relleno y se dore la corteza.

Disfruta de la tarta caliente, con una buena ración de nata.

---

1 hora 20 minutos
6-8 raciones

Paso 1
Preparación – 10 minutos
Reposo – 30 minutos

Paso 2
Preparación – 10 minutos
Cocción – 28-30 minutos

Tarta de crema

Probablemente este sea uno de los postres británicos más infravalorados. El truco para que salga de rechupete es crear una base uniforme y luego cocer la crema justo al punto para que adquiera la textura gelatinosa deseada. La masa debe ser fina y crujiente para contener un generoso relleno de crema. Yo siempre rallo un poco de nuez moscada por encima. No hay cosa más simple y a la vez más deliciosa.

Para la masa dulce

300 g (10 ½ oz/2 tazas generosas) de harina blanda (para repostería), y un poco más para espolvorear
150 g (5 oz/1 taza) de azúcar glas
200 g (7 oz) de mantequilla sin sal fría, en dados
2 yemas de huevo
mantequilla ablandada, para engrasar

Para el relleno de crema

250 g (1 taza) de leche entera
50 g (3 cucharadas) de nata para montar
1 huevo, más 2 yemas
60 g (2 oz/5 cucharadas) de azúcar extrafino
nuez moscada, para rallar

Nota

Si preparas tartaletas individuales, engrasa con mantequilla un molde para 8 magdalenas. Extiende la masa hasta que tenga un grosor de 3-4 mm (1/8-¼ in) y corta 8 círculos con un cortapastas. Con cuidado, dales forma de cuenco e introdúcelos en los huecos del molde, presionando los lados. Refrigera durante 10 minutos. Hornéalos en blanco como se indica, luego rellena cada tartaleta con la crema y cuécelas 35 minutos más.

Para la masa, añade la harina, el azúcar glas y la mantequilla a un bol. Mezcla la mantequilla, frotándola con los dedos, hasta formar grumos. Poco a poco, añade las yemas, mezclando hasta que queden bien incorporadas. Forma un pequeño disco con la masa, cúbrelo con papel vegetal y refrigéralo al menos 20 minutos. Así se relajará el gluten y será más fácil extender la masa luego.

Mientras, precalienta el horno a 180 °C con ventilador (400 °F/gas 6). Unta con mantequilla un molde de 20 cm (8 in), con un mínimo de 3-4 cm (1 ½ in) de profundidad.

Enharina la superficie de trabajo y la masa. Extiende la masa para formar un círculo que mida 1-2 cm (½-¾ in) más que el molde. Gira la masa con frecuencia y espolvorea la superficie de trabajo con harina, si es necesario, para que no se pegue. Enrolla la masa en el rodillo y, con cuidado, desenróllala sobre el molde. Presiona suavemente los lados de la masa contra los rincones del molde y deja que la masa sobrante cuelgue hacia fuera. Pasa el rodillo por encima del molde para recortar el exceso de masa. Refrigera durante 10 minutos.

Dispón el molde en una bandeja de horno, cubre con papel vegetal y rellena con bolitas cerámicas. Hornea en blanco durante 12-15 minutos o hasta que se dore la masa.

Mientras, prepara el relleno. Vierte la leche y la nata en un cazo a fuego medio-alto y lleva a ebullición.

Combina el huevo, las yemas y el azúcar en un bol grande y bátelo bien. Con cuidado y despacio, agrega la leche caliente sobre la mezcla de huevo, batiendo mientras lo haces. Sigue batiendo 2 minutos hasta que se disuelva el azúcar y todo quede integrado.

Retira la base del horno y retira las bolitas y el papel vegetal. Baja la temperatura del horno a 140 °C con ventilador (325 °F/gas 3).

Añade el relleno de crema a las bases y, con cuidado, devuélvelas al horno para cocerlas 60-70 minutos más. Cuando la tarta esté lista, debe notarse aún cierto movimiento en el centro. Ralla nuez moscada por encima y deja enfriar antes de servir.

---

1 ½-2 horas
Sale 1 tarta grande para 8 u 8 tartaletas individuales

Preparación - 5 minutos
Reposo - 20 minutos
Preparación - 10 minutos
Relleno - 10 minutos

Cocción en blanco - 12-15 minutos
Cocción final - 60-70 minutos si es grande, 35 minutos las pequeñas

Tarta de chocolate

Esta receta me devuelve a mi época de chef repostero. Es aconsejable prepararla con chocolate amargo para destacar todos los sabores; la base es mantecosa y dulce, buen contrapunto para el relleno de chocolate que es dulce, amargo y cremoso. Esta tarta me encanta con nata bien espesa. Prepárala unas horas antes de servirla, ya que está más buena fría, y eso además facilitará un corte limpio.

Para la masa dulce

300 g (10 ½ oz/2 tazas generosas) de harina blanda (para repostería), y un poco más para espolvorear
150 g (5 oz/1 taza) de azúcar glas
200 g (7 oz) de mantequilla sin sal fría, en dados
2 yemas de huevo
mantequilla ablandada, para engrasar

Para el relleno de chocolate

200 g (1 taza escasa) de nata para montar
100 g (½ taza escasa) de leche entera
50 g (2 oz/¼ de taza) de azúcar extrafino
250 g (9 oz) de chocolate negro, troceado
2 huevos
una pizca de sal

Prepara la masa según las instrucciones de la página 114. Estírala inmediatamente o cúbrela con papel vegetal y refrigérala hasta su uso.

Si utilizas un robot amasador, mezcla con cuidado la harina, el azúcar y la mantequilla con la pala a velocidad lenta hasta obtener una mezcla que parezca migas, añade las yemas y mezcla 30 segundos a 1 minuto, no más.

Precalienta el horno a 180 °C con ventilador (400 °F/gas 6). Engrasa con mantequilla un molde cuadrado de 24 cm (9 ½ in).

Enharina la superficie de trabajo y la masa. Extiende la masa hasta que mida 1-2 cm (½-¾ in) más que el molde. Gira la masa con frecuencia y espolvorea la superficie de trabajo con harina, si es necesario, para que no se pegue. Enrolla la masa en el rodillo y, con cuidado, desenróllala sobre el molde. Presiona suavemente los lados de la masa contra los rincones del molde y deja que la masa sobrante cuelgue hacia fuera. Pasa el rodillo por encima del molde para recortar el exceso de masa. Refrigera durante 10 minutos.

Dispón el molde en una bandeja de horno, cubre con papel vegetal y rellena con bolitas cerámicas. Hornea en blanco durante 18 minutos o hasta que los bordes de la base se doren.

Mientras, prepara el relleno. Vierte la leche, la nata y el azúcar en un cazo a fuego medio-alto y lleva a ebullición. Retira el cazo del fuego, añade el chocolate y bate hasta que se derrita y la mezcla quede homogénea.

En un bol, bate brevemente los huevos con la sal. Añade la crema de chocolate a los huevos y mezcla bien.

Retira la base del horno y retira las bolitas y el papel vegetal. Si el centro de la base está aún crudo, vuelve a meterla en el horno 3-5 minutos.

Baja la temperatura del horno a 160 °C con ventilador (350 °F/gas 4). Vierte el relleno sobre la base. Con cuidado, reintroduce la tarta en el horno y cuécela 20 minutos más. Sácala del horno y deja enfriar completamente antes de cortarla.

---

1 hora 10 minutos
10 raciones

Preparación - 15 minutos
Reposo - 10 minutos
Cocción en blanco - 18 minutos

Preparación del relleno - 5 minutos
Cocción final - 20 minutos

Consejos

– Utiliza un cuchillo afilado mojado en agua caliente para cortar limpiamente la tarta.

– Aprovecha la masa sobrante para preparar galletas: extiéndela hasta que tenga un grosor de 5 mm (¼ in) y córtala en rectángulos o discos. Cuécelos en una bandeja sobre papel vegetal durante 15 minutos a 180 ºC con ventilador (400 ºF/gas 6). Sácalas del horno y espolvoréalas con azúcar extrafino aún calientes.

– La masa sin cocer puede congelarse.

ANATOMÍA DE UNA TARTA DE CHOCOLATE

base firme

masa mantecosa y grumosa

relleno de chocolate aterciopelado

ANATOMÍA DE UNA TARTA DE CREMA

aspecto ligeramente dorado

relleno de crema gelatinosa

masa mantecosa y grumosa

Tarta de melaza

Esta tarta siempre me trae recuerdos de infancia. Sí, es muy dulce, pero de vez en cuando te lo puedes permitir. Le hemos añadido ralladura y zumo de naranja y limón para darle una agradable nota cítrica que equilibra su dulzor. Las almendras molidas aportan profundidad de sabor y humedad a la tarta.

Para la masa dulce

300 g (10 ½ oz/2 tazas generosas) de harina blanda (para repostería), y un poco más para espolvorear
150 g (5 oz/1 taza) de azúcar glas
200 g (7 oz) de mantequilla sin sal fría, en dados
2 yemas de huevo
mantequilla ablandada, para engrasar

Para el relleno de melaza

600 g (1 ¾ tazas) de melaza
50 g (2 oz) de mantequilla sin sal
100 g (3 ½ oz/1 ¼ tazas) de pan rallado (el pan integral de masa madre es ideal)
150 g (5 oz/1 ½ tazas) de almendras molidas
ralladura y zumo de 1 limón y de 1 naranja

Prepara y refrigera la masa dulce según las instrucciones de la página 114.

Mientras, precalienta el horno a 180 °C ventilador (400 °F/gas 6) y engrasa con mantequilla un molde de 24 cm (9 ½ in).

Pon la masa sobre una superficie de trabajo enharinada y espolvoréala con harina. Extiende la masa para formar un círculo que mida 1-2 cm (½-¾ in) más que el molde. Gira la masa con frecuencia y espolvorea la superficie de trabajo con harina, si es necesario, para que no se pegue. Enrolla la masa en el rodillo y, con cuidado, desenróllala sobre el molde. Presiona suavemente los lados de la masa contra los rincones del molde y deja que la masa sobrante cuelgue hacia fuera. Pasa el rodillo por encima del molde para recortar el exceso de masa. Refrigera durante 10 minutos.

Dispón el molde en una bandeja de horno, cubre con papel vegetal y rellena con bolitas cerámicas. Hornea en blanco durante 12-15 minutos o hasta que los bordes de la base se doren.

Mientras, prepara el relleno. Calienta la melaza con la mantequilla en un cazo a fuego medio-alto. Retira del fuego y luego añade el resto de ingredientes del relleno al cazo. Remueve hasta conseguir una textura uniforme y que el pan rallado se recubra bien con la mezcla.

Retira la base del horno y retira las bolitas y el papel vegetal. Baja la temperatura del horno a 170 °C con ventilador (375 °F/gas 5). Vierte el relleno sobre la base.

Con cuidado, reintroduce la tarta en el horno y cuécela 30 minutos más.

Deja que se enfríe antes de servir.

---

1 ½ horas
8 raciones

Preparación – 5 minutos
Reposo – 20 minutos

Preparación – 10 minutos
Reposo – 10 minutos
Cocción en blanco – 12-15 minutos
Cocción final – 30 minutos

Repostería y tartas

Tarta de limón

La tarta de limón o *tarte au citron*, como se la conoce en Francia, es una obra maestra atemporal. Disfruta de su sencillez y del equilibrio entre cítricos y dulzor. La clave para que salga perfecta consiste en sacarla del horno cuando todavía no ha cuajado del centro, ya que el calor residual seguirá cociendo el relleno. Deja que se enfríe por completo. A mí me gusta servirla con nata líquida.

Para la masa dulce

300 g (10 ½ oz/2 tazas generosas) de harina blanda (para repostería), y un poco más para espolvorear
150 g (5 oz/1 taza) de azúcar glas
200 g (7 oz) de mantequilla sin sal fría, en dados
2 yemas de huevo
mantequilla ablandada, para engrasar

Para el relleno de limón

ralladura de 2 limones, más 200 g (1 taza escasa) de zumo de limón
200 g (7 oz/1 taza escasa) de azúcar extrafino
200 g (7 oz) de mantequilla sin sal
3 huevos, más 3 yemas

Prepara y refrigera la masa dulce según las instrucciones de la página 114.

Mientras, precalienta el horno a 180 °C ventilador (400 °F/gas 6) y engrasa con mantequilla un molde de 20 cm (8 in).

Pon la masa sobre una superficie de trabajo enharinada y espolvoréala con harina. Extiende la masa para formar un círculo que mida 1-2 cm (½-¾ in) más que el molde. Gira la masa con frecuencia y espolvorea la superficie de trabajo con harina, si es necesario, para que no se pegue. Enróllala en el rodillo y, con cuidado, desenróllala sobre el molde. Presiona suavemente los lados de la masa contra los rincones del molde y deja que la masa sobrante cuelgue hacia fuera. Pasa el rodillo por encima del molde para recortar el exceso de masa. Refrigera durante 10 minutos.

Dispón el molde en una bandeja de horno, cubre con papel vegetal y rellena con bolitas cerámicas. Hornea en blanco durante 18 minutos o hasta que los bordes de la base se doren.

Mientras, prepara el relleno. Añade la ralladura y el zumo de limón, el azúcar y la mantequilla a un cazo a fuego medio-alto y lleva a ebullición.

En un bol grande, bate los huevos con las yemas. Con cuidado y despacio, agrega la mezcla de limón sobre los huevos, batiendo mientras lo haces. Devuelve la mezcla al cazo y cuece muy lentamente al mínimo durante 3 minutos hasta que espese. Cuela la mezcla para separar la ralladura de limón.

Retira la base del horno y retira las bolitas y el papel vegetal. Baja la temperatura del horno a 140 °C con ventilador (325 °F/gas 3). Vierte el relleno sobre la base.

Con cuidado, reintroduce la tarta en el horno y cuécela 40 minutos más. Cuando la tarta esté lista, debe notarse aún cierto movimiento en el centro.

Deja que se enfríe durante unas 2 horas antes de servir.

---

1 hora 35 minutos
8 raciones

Preparación - 5 minutos
Reposo - 18 minutos

Preparación - 10 minutos
Reposo - 10 minutos
Cocción en blanco - 18 minutos
Cocción final - 40 minutos

Repostería y tartas

Tarta de calabaza

He probado muchas tartas de calabaza y con frecuencia las he encontrado abrumadoramente dulces. Por eso he creado esta versión más sobria, que me encanta. Es fantástico celebrar el Día de Acción de Gracias disfrutando de los mejores productos de temporada. Puedes modificar el uso de especias a tu gusto. La tarta es una maravilla, pero le va genial como contrapunto al dulzor una buena porción de nata montada.

1 yema de huevo, batida, para pintar

Para la masa

4 cucharadas de azúcar moreno blando claro
100 g (3 ½ oz/½ taza escasa) de azúcar extrafino
170 g (6 oz) de mantequilla sin sal fría, en dados, y un poco más para engrasar
3 yemas de huevo
300 g (10 ½ oz/2 tazas generosas) de harina blanca de fuerza (panificable), y un poco más para espolvorear
una pizca de sal marina fina

Para el relleno

400 g (14 oz) de puré de calabaza (véase el consejo de la página siguiente)
2 huevos
180 g (¾ de taza) de nata para montar
120 g (½ taza) de leche entera
140 g (4 ½ oz/⅔ de taza) de azúcar extrafino
1 cucharadita de canela molida
½ cucharadita de jengibre molido
½ cucharadita de nuez moscada
¼ de cucharadita de cardamomo molido
½ cucharadita de sal

Paso 1

Para la masa, pon los azúcares y la mantequilla en un bol y bátelo hasta formar una crema esponjosa. Añade las yemas, de una en una, incorporándolas poco a poco para que no cuajen, luego tamiza la harina y la sal y mézclalo bien.

Forma una bola con la masa y aplánala un poco. Envuélvela en papel vegetal y refrigérala durante al menos 30 minutos, pero mejor toda la noche.

Paso 2

Saca la masa del frigorífico y deja que se temple.

Engrasa y enharina un molde de 22-24 cm (9-9 ½ in) de base desmontable, de al menos 3-4 cm (1 ½ in) de profundidad.

Sobre una superficie enharinada, pasa el rodillo por la masa para ablandarla y luego extiéndela hasta que tenga un grosor de 3 mm (⅛ in) y al menos mida 2 cm (¾ in) más que el molde, dándole giros de un cuarto de vuelta mientras la extiendes. Enrolla la masa en el rodillo y desenróllala sobre el molde. Presiona suavemente la masa contra los márgenes del molde para forrarlo, dejando colgar la masa sobrante por fuera. Pasa el rodillo por encima del molde para recortar el exceso de masa. Refrigera durante 10-30 minutos.

Mientras, precalienta el horno a 180 °C con ventilador (400 °F/gas 6) y prepara el relleno.

Este paso es opcional: Calienta el puré de calabaza en una sartén sin aceite unos 10 minutos a fuego medio, removiendo de vez en cuando. Así se elimina el exceso de humedad y además se caramelíza ligeramente la calabaza.

Continúa en la página siguiente →

2¼-3 horas
8-10 raciones

Paso 1
Preparación - 10 minutos
Reposo - 30 horas o toda la noche

Paso 2
Preparación - 20-40 minutos
Cocción en blanco - 17-20 minutos
Enfriamiento - hasta 30 minutos
Cocción final - 30-35 minutos

Continuación →

Añade el puré de calabaza a un cuenco grande. Agrega los huevos, la nata, la leche y el azúcar, y bate bien. Añade las especias molidas y la sal, y mézclalo todo.

Saca la base del frigorífico, fórrala con papel vegetal y rellena con bolitas cerámicas. Hornéala durante 12-15 minutos o hasta que los bordes se doren, luego retira el papel y las bolitas y cuécela 5 minutos más o hasta que se dore toda.

Retírala del horno y píntala con la yema batida (para sellar posibles agujeros o grietas). Sin sacarla del molde, pásala sobre una rejilla y deja que se enfríe completamente.

Baja la temperatura del horno a 150 °C con ventilador (350 °F/gas 4).

Coloca el molde sobre una bandeja de horno y vierte el relleno en la base. Hornea 30-35 minutos más o hasta que justo cuaje la superficie: no dejes que se agriete el relleno. Sácala del horno y deja enfriar completamente antes de cortarla.

Puedes reducir la cantidad de azúcar del relleno para adaptarla a tu gusto; también dependerá del dulzor del puré.

Consejo

Para preparar tú mismo el puré de calabaza, necesitas 1 calabaza pequeña. Córtala por la mitad y desecha las semillas y los hilos, luego trocéala. Dispón los trozos de calabaza sobre una bandeja de horno y espolvoréalos con unas cucharaditas de azúcar y canela molida. Cuécela a 150 °C (350 °F/gas 4) durante 2 horas hasta que se ablande. Retira del horno y deja enfriar. Una vez fría, separa la piel de la pulpa con una cuchara o tenedor, y cháfala.

Tarta de alforfón con setas

Juega a placer con los ingredientes de esta receta. Las setas, por ejemplo, pueden sustituirse por corazones de alcachofa, y el queso Cheddar por un queso de cabra duro. Se trata de una tarta rica y saciante. La base puede hacerse sin gluten muy fácilmente, solo hay que sustituir la harina blanca por una sin gluten.

Para la masa

60 g (2 oz/½ taza) de harina blanca de alforfón
120 g (4 oz/1 taza) de harina blanca
1 cucharadita de sal marina fina
110 g (3 ¾ oz) de mantequilla sin sal fría, en dados, y más para engrasar
70 g (2 ½ oz) de queso Cheddar curado, rallado
1 cucharadita de romero picado (opcional)
120 g (½ taza) de agua fría

Para el relleno

20 g (¾ oz) de mantequilla sin sal
1 cebolla, en láminas finas
2 dientes de ajo, picados
250 g (9 oz) de champiñones, en láminas finas
2 cucharaditas de hojas de tomillo
225 g (1 taza) de nata para montar
3 huevos, más 1 yema
50 g (2 oz) de queso parmesano, rallado (opcional)
una pizca de pimienta de cayena (opcional)
sal y pimienta negra recién molida

Paso 1

Para la masa, combina las harinas con la sal en un bol mediano. Añade la mantequilla y frótala entre los dedos, manteniendo la mezcla aireada y ligera, hasta que adopte un aspecto desmigajado. Añade el queso rallado y el romero y remueve. Poco a poco, agrega el agua fría en 2-3 veces (puede que no la necesites toda) y mezcla con una rasqueta o a mano hasta que la masa ligue, añadiendo agua según convenga. La masa quedará algo pegajosa pero ligada.

Trasládala a la superficie de trabajo y amásala sin trabajarla demasiado o se volverá grasienta. Forma un círculo con la masa, envuélvela con papel vegetal y refrigérala durante unos 30 minutos (10 minutos si usas harina sin gluten).

Mientras, prepara el relleno. Derrite la mitad de la mantequilla en un cazo a fuego bajo-medio. Añade la cebolla y deja pochar 8-10 minutos sin que se dore. Añade el ajo y remueve 1 minuto, luego pasa la mezcla a un bol y deja templar.

Derrite el resto de la mantequilla en el mismo cazo. Añade las setas y fríelas hasta que empiecen a dorarse, luego añade el tomillo y salpimienta. Cuece hasta que las setas reabsorban el jugo, luego reserva.

Continúa en la página siguiente →

2-2 ½ horas
8 raciones

Paso 1
Preparación - 15 minutos
Reposo - 10-30 minutos

Paso 2
Preparación - 25 minutos
Cocción en blanco - 25-30 minutos
Enfriamiento - hasta 30 minutos
Montaje final - 5 minutos
Cocción final - 30 minutos

Continuación →

Paso 2

Cuando vayas a cocer la tarta, engrasa con mantequilla un molde de 22-24 cm (9-9 ½ in) con base desmontable.

Saca la masa del frigorífico y ponla sobre una superficie de trabajo enharinada. Enharina la masa y con ayuda del rodillo forma un disco al menos 1-2 cm (½-¾ in) más grande que el molde. Gira la masa con frecuencia y espolvorea la superficie de trabajo con harina, si es necesario, para que no se pegue. No pasa nada si la masa se agrieta un poco: presiona para sellarla de nuevo.

Dispón la masa sobre el molde y encájala con una suave presión. No temas si se rompe un poco: vuelve a unirla y tapa todos los agujeros. Recorta la masa sobrante. Refrigérala durante 10-15 minutos (para evitar que se encoja al cocerla).

Mientras, precalienta el horno a 180 °C con ventilador (400 °F/gas 6).

Saca la base del frigorífico, fórrala con papel vegetal y rellena con bolitas cerámicas. Hornéala 20 minutos, luego retira el papel y las bolitas y cuécela 5-10 minutos más o hasta que se vea seca. Pásala sobre una rejilla y deja que se enfríe completamente.

Coloca la base de la tarta sobre una bandeja de horno. Añade la mezcla de ajo y cebolla, y extiéndela bien.

Bate la nata, huevos y yema de huevo en un bol. Añade la mezcla de las setas y gran parte del parmesano rallado. Salpimienta y añade una pizca de pimienta de cayena, si la usas. Prueba y rectifica de sal, luego viértelo todo sobre la mezcla de cebolla.

Espolvorea con parmesano y hornea durante 30 minutos o hasta que el relleno cuaje y la superficie se dore.

Consejos

Usa mantequilla fría para que no se derrita con la harina. La masa se conserva en el frigorífico un par de días o en el congelador hasta 3 meses.

Tarta de parmesano y espinacas

Es una receta de mi época como chef de repostería en la cocina de Quaglino, en 1996. Es mejor prepararla la vigilia, y resulta deliciosa caliente o fría. Allí la servíamos con una buena ensalada verde con escalonias troceadas.

Para la masa dulce

225 g (8 oz/1 ¾ tazas) de harina blanca, y un poco más para espolvorear
100 g (3 ½ oz) de mantequilla sin sal fría, en dados, y un poco más para engrasar
una pizca de sal marina fina
1 yema de huevo
1-2 cucharadas de agua fría, o más si hace falta

Para el relleno

20 g (¾ oz) de mantequilla sin sal
300 g (10 ½ oz) de espinacas (no de hojas enanas)
125 g (½ taza) de leche entera
125 g (½ taza) de nata para montar
125 g (4 oz/½ taza) de queso mascarpone
2 huevos, más 2 yemas
125 g (4 oz/2 tazas) de queso parmesano rallado
sal marina y pimienta negra recién molida

Paso 1

Para la masa, añade la harina, mantequilla y sal a un bol grande. Frota la mantequilla entre los dedos hasta obtener una mezcla como desmigajada. Añade la yema de huevo y agua fría, y forma la masa con una mano. Añade más agua si es necesario, 1 cucharada a la vez. Forma un disco con la masa, envuélvela en papel vegetal y refrigérala durante al menos 30 minutos, pero mejor 2-4 horas.

Paso 2

Precalienta el horno a 180 °C con ventilador (400 °F/gas 6). Engrasa con mantequilla un molde de 24 cm (9 ½ in).

Pon la masa sobre una superficie de trabajo enharinada y espolvoréala con harina. Extiende la masa hasta que mida 1-2 cm (½-¾ in) más que el molde. Mueve la masa repetidamente y espolvoréala con harina, si hace falta. Forra el molde con la masa (véase el método de la página 104). Refrigera durante 10 minutos.

Mientras, prepara el relleno. Derrite la mantequilla en un cazo grande a fuego medio. Cuando haga espuma, añade las espinacas y cuécelas hasta que queden mustias. Retira del fuego y extiéndelas para que se enfríen, luego pásalas a un colador para que escurran durante 10 minutos.

Dispón el molde en una bandeja de horno, cubre con papel vegetal y rellena con bolitas cerámicas. Hornea en blanco durante 12-15 minutos o hasta que los bordes de la base se doren.

Para terminar el relleno, añade la leche, la nata y el mascarpone al bol y bate para combinarlo todo bien. Agrega los huevos y las yemas, salpimienta y bate. Añade el parmesano y remueve, luego incluye las espinacas y mezcla.

Retira la base del horno y retira las bolitas y el papel vegetal. Baja la temperatura del horno a 160 °C con ventilador (350 °F/gas 4). Añade el relleno a la base y, con cuidado, devuelve la tarta al horno para cocerla 35-40 minutos hasta que se dore un poco y se vea crujiente.

Deja templar, cubre la tarta y refrigérala para que adquiera firmeza.

2-5 ½ horas
8 raciones

Paso 1
Preparación - 10 minutos
Reposo - 30 minutos-4 horas

Paso 2
Preparación - 25 minutos
Reposo - 10 minutos
Cocción en blanco - 12-15 minutos
Cocción final - 35-40 minutos

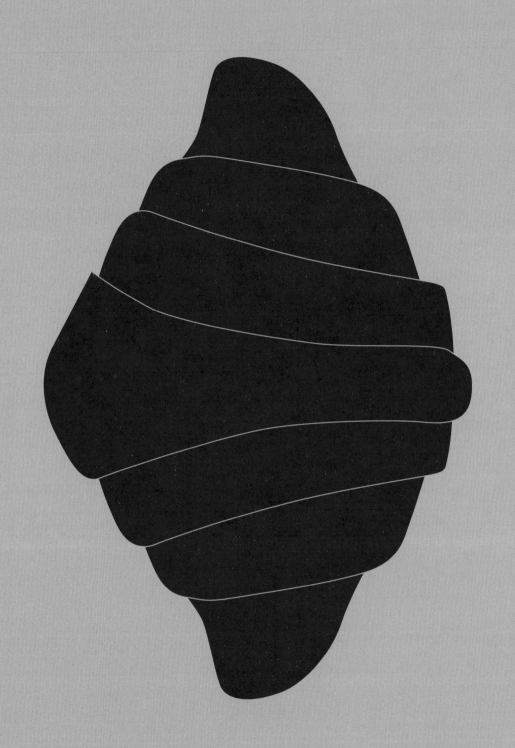

cuatro

Masa de hojaldre

Masa de hojaldre básica

La masa de hojaldre es un fabuloso vehículo para sabores dulces y salados, y vale la pena prepararla uno mismo. Dominar la técnica es una gran satisfacción. Si vas a lo práctico y optas por usar masa preparada, píntala con mantequilla para aportarle más sabor.

500 g (1 lb 2 oz/3 ½ tazas) de harina blanca de fuerza (panificable), y un poco más para espolvorear
8 g (1 ¼ cucharaditas) de sal marina fina
125 g (4 oz) de mantequilla sin sal fría, en dados
225 g (1 taza escasa) de agua fría
10 g (2 cucharaditas) de vinagre de vino blanco

Para terminar

375 g (13 oz) de mantequilla sin sal, ablandada

Paso 1

Añade la harina, la sal y la mantequilla al bol del robot amasador con el accesorio para batir. Mezcla a velocidad baja hasta obtener una especie de migas finas.

Cambia el accesorio por el gancho. Añade el agua y el vinagre, y trabaja a velocidad media durante unos 2 minutos. La masa debe quedar moldeable.

Otra opción consiste en poner la harina, la sal y la mantequilla en un bol y frotar la mantequilla con la harina entre los dedos hasta obtener la textura de migas. Añade el agua y el vinagre y mezcla hasta que se forme la masa.

Saca la masa del bol, envuélvela en papel film transparente y refrigérala durante al menos 2 horas, pero mejor toda la noche.

Paso 2

Una hora antes de sacar la masa del frigorífico, golpea suavemente con el rodillo la mantequilla metida entre dos hojas de papel vegetal para formar un cuadrado de unos 5 mm (¼ in) de grosor. Vuelve a meter la mantequilla en el frigorífico durante 40 minutos (la masa y la mantequilla deben estar a la misma temperatura) [fotos 1 y 2].

Traslada la masa a una superficie de trabajo enharinada y extiéndela hasta formar un cuadrado de 25 cm (10 in). Gira la masa para que quede ante ti una forma de diamante, luego extiende cada esquina para darle forma de cruz con cuatro extremos finos y un centro cuadrado [foto 3].

Dispón la mantequilla en el centro y empieza a encapsularla. Dobla los extremos superior e inferior por encima, tirando para que cubran la mantequilla al máximo. Luego haz lo mismo con los extremos laterales de modo que la masa se cierre como un sobre. Dale unos toquecitos a la masa con el rodillo para sellarla [fotos 4, 5 y 6].

Continúa en la página siguiente →

Continuación →

Con la unión orientada de arriba abajo, extiende la masa para obtener un rectángulo de unos 25 cm (10 in) de ancho por 70 cm (27 in) de largo. Los lados deben quedar rectos. Con uno de los lados cortos más cerca de ti, dóblala en tercios, primero de abajo al medio y luego de arriba abajo. Con esto se acaba una primera fase de laminado [fotos 7 y 8].

Gira la masa de modo que la unión siempre quede en el lado izquierdo y extiéndela de nuevo, antes de doblarla como antes. Esta es la segunda fase de laminado [fotos 9, 10 y 11].

Envuelve la masa en papel film y refrigérala para que repose durante 3 horas.

Repite dos fases de laminado como las anteriores y deja reposar 3 horas más.

Finalmente, completa otras dos fases para sumar seis fases en total. Deja reposar 3 horas más [foto 12].

La masa ya está lista para usar.

Pastelitos de Eccles

Imposible comer solo uno. Es raro, pero siempre me propongo tomar uno solo y acabo comiéndome tres, para enseguida arrepentirme. Es ideal preparar con antelación la mezcla para el pastelito y refrigerarla para que las grosellas absorban bien la mantequilla y las especias. Pueden elaborarse del todo y congelarse crudos para conservarlos durante meses. Son importantes las tres marcas superiores, símbolo del Padre, el Hijo y el Espíritu Santo, si uno quiere hacerlo como es debido.

750 g (1 lb 10 oz) de masa de hojaldre (véanse las páginas 134-137)
harina blanca, para espolvorear
1 huevo, batido, para pintar
azúcar demerara

Para el relleno

125 g (4 oz) de mantequilla sin sal, ablandada
90 g (3 ¼ oz/½ taza) de azúcar moreno blando oscuro
25 g (1 oz/2 cucharadas) de azúcar moreno blando claro
25 g (1 oz/2 cucharadas) de azúcar demerara
250 g (9 oz/1 ⅔ tazas) de grosellas
zumo de 1 limón
una pizca de sal marina fina
2 g (1 cucharadita) de pimienta de Jamaica molida
2 g (1 cucharadita) de nuez moscada molida
2 g (1 cucharadita) de canela molida
2 g (1 cucharadita) de especias para recetas dulces

Empieza con el relleno. Derrite la mantequilla en un cazo a fuego medio, con cuidado para que no burbujee.

En un bol grande, añade el resto de ingredientes para el relleno con la mantequilla y remueve bien. Luego refrigéralo durante 2 horas para que la mezcla solidifique.

Una vez fría, forma 14 bolas de unos 40 g cada una (1 ½ oz), y aplánalas a modo de discos. Enfríalos 1 hora más para que endurezcan un poco más.

Extiende la masa de hojaldre sobre una superficie enharinada hasta un grosor de 1,5 cm (¾ in). Corta 14 discos con un cortapastas redondo de 7 cm (2 ¾ in). Dispón un disco de relleno sobre cada disco de masa. Mójate el dedo en agua y pásalo por el borde de cada disco de masa, y luego dobla los márgenes de la masa sobre el relleno. Séllalo de modo que no se vea el relleno. Coloca los pastelitos con la unión hacia abajo en una bandeja de horno forrada con papel vegetal, espaciándolos un poco, y presiónalos suavemente con la palma de la mano. Refrigera durante 1 hora.

Precalienta el horno a 180 °C con ventilador (400 °F/gas 6).

Saca los pastelitos del frigorífico y píntalos generosamente con huevo. Con un cuchillo afilado, marca cada uno con tres incisiones, luego espolvoréalos con azúcar y hornéalos 35-40 minutos hasta que se doren y rezumen delicioso caramelo.

Deja enfriar y sírvelos con un trozo de queso o con una simple taza de té.

2 horas
Salen 14 pastelitos

Preparación - 20 minutos
Refrigeración - 4 horas

Cocción en blanco - 16 minutos
Cocción final - 45 minutos

Masa de hojaldre

Empanadillas de manzana

Magníficas y sencillas para iniciarse con la masa de hojaldre, e ideales para aprovechar masa sobrante. Procura no llenarlas demasiado porque el relleno puede salir y quemarse. La receta puede prepararse con otras frutas, como peras, albaricoques o cerezas.

500 g (1 lb 2 oz) de masa de hojaldre (véanse las páginas 134-137)
harina blanca, para espolvorear
1 huevo, batido
azúcar demerara, para espolvorear

Para el relleno de manzana cocida

700 g (1 lb 9 oz) de manzanas, peladas, descorazonadas y en dados de 1 cm (½ in)
30 g (1 oz) de mantequilla sin sal
50 g (2 oz/¼ de taza) de azúcar extrafino
1 cucharadita de canela molida
1 cucharadita de extracto de vainilla

Para elaborar el relleno, añade la manzana, la mantequilla, el azúcar, la canela y la vainilla a un cazo, a fuego medio. Cuece las manzanas hasta que se ablanden, removiendo de vez en cuando para que no se quemen ni se peguen.

Retira del fuego y pasa las manzanas cocidas a una bandeja o bol para que se enfríen.

Extiende la masa sobre una superficie enharinada para formar un rectángulo de 3 mm (⅛ in) de grosor. Corta 7-8 círculos de masa con un cortapastas de 15 cm (6 in) de diámetro o con un platillo y un cuchillo afilado.

Forra una bandeja grande con papel vegetal y dispón en ella los discos de masa. Con cuidado, moja los márgenes de los discos con agua para que las empanadillas se sellen bien. Añade 2 cucharadas generosas de relleno en el centro de cada disco de masa. Con cuidado, dobla el disco en forma de media luna y presiona los bordes para sellar el relleno dentro. Con un tenedor, presiona los márgenes unidos o bien pellizca la masa con el índice y el pulgar. Practica un agujerito en cada empanadilla con un cuchillo afilado para que salga el vapor al cocerse.

Deja reposar las empanadillas en el frigorífico durante al menos 30 minutos.

Mientras, precalienta el horno a 180 °C con ventilador (400 °F/gas 6).

Pinta las empanadillas con el huevo batido y espolvoréalas con azúcar demerara.

Hornéalas 15-18 minutos hasta que se tuesten y las bases queden doradas y hojaldradas.

1 ½ horas
Salen 7-8 empanadillas

Preparación – 40 minutos
Refrigeración – 30 minutos
Cocción final – 15-18 minutos

Tarta Tatin

Masa de hojaldre

No es un postre fácil de elaborar. Uno de los pasos importantes consiste en cocer las manzanas en el caramelo y reducir el líquido antes de añadir la masa. La razón para ello es conseguir que al girar la tarta al final, esté caramelizada y no acuosa. Las peras Comice o Williams son buenas alternativas a las manzanas.

250 g (9 oz/1 taza generosa) de azúcar extrafino
125 g (4 oz) de mantequilla sin sal
6 manzanas Granny Smith
300 g (10 ½ oz) de masa de hojaldre (véanse las páginas 134-137)
harina blanca, para espolvorear

Añade el azúcar y la mantequilla a una sartén de 24 cm (9 ½ in) apta para el horno y ponla a fuego medio-alto. Derrite la mantequilla con el azúcar hasta que caramelice y adquiera un tono avellana.

Retira del fuego y deja que el caramelo se temple 10-15 minutos mientras preparas las manzanas. Pela las manzanas y descorazónalas, luego córtalas en cuartos: te saldrán 24.

Dispón las manzanas en la sartén empezando por el margen, colocando los cuartos con el corte hacia abajo de forma circular sobre el caramelo.

Cuece 20 minutos a fuego medio para caramelizar las manzanas.

Retira del fuego y deja enfriar 15 minutos.

Mientras, precalienta el horno a 170 °C con ventilador (375 °F/gas 5).

Extiende la masa sobre una superficie enharinada para formar un círculo de 30 cm (12 in) de diámetro. Acuérdate de darle la vuelta a la masa y enharinarla al extenderla, para que no se pegue.

Con cuidado, pon la masa sobre la sartén y presiona los márgenes hacia el interior. El truco consiste en meter el exceso de masa alrededor de las manzanas para crear un nido que se aguante al volver la tarta.

Hornea la sartén durante 50 minutos-1 hora, hasta que el burbujeo alrededor de los márgenes sea espeso y no acuoso.

Retira del horno y deja templar 2-3 minutos solamente, y con sumo cuidado pero con decisión, dale la vuelta a la tarta sobre un plato (protégete las manos con manoplas).

Sírvela caliente con nata.

```
2 horas
6-8 raciones

Preparación - 15 minutos
Cocción - 25 minutos
Enfriamiento - 15 minutos
Cocción - 50 minutos-1 hora
```

Masa de hojaldre

Milhojas

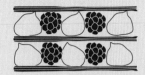

El milhojas relleno de crema es una maravilla. Es clave cerciorarse de cocer bien la masa para que se mantenga crujiente cuando se rellene con la crema. Como otras recetas, puede adaptarse para hacerla con otras frutas blanditas y obtener un resultado delicioso. Hay quien remata el milhojas con un poco de azúcar glas quemado con soplete, un toque muy acertado.

500 g (1 lb 2 oz) de masa de hojaldre (véanse las páginas 134-137)
harina blanca, para espolvorear

Para la crema de vainilla

1 vaina de vainilla
500 ml (2 tazas) de leche entera
6 yemas de huevo
125 g (4 oz/½ taza generosa) de azúcar extrafino, y un poco más por si hace falta
60 g (1 ½ oz/¼ de taza generosa) de harina blanca

Para terminar

125 g (½ taza) de nata para montar
60 g (2 oz/¼ de taza) de azúcar extrafino
150 g (5 oz) de frambuesas (véase también el consejo en la otra página)
azúcar glas, para decorar

Precalienta el horno a 190 °C con ventilador (400 °F/gas 6). Forra una bandeja grande con papel vegetal.

Extiende la masa sobre una superficie enharinada para formar un rectángulo de 24 × 36 cm (10 × 15 in) y 2 mm (1/16 in) de grosor.

Traslada la masa a la bandeja. Pincha toda la superficie de la masa con un tenedor. Es importante agujerear toda la superficie.

Hornea la masa durante 25 minutos hasta que se dore. Retira del horno y deja enfriar sobre una rejilla.

Mientras, prepara la crema. Abre la vaina de vainilla a lo largo y rasca las semillas con un cuchillo. Añade las semillas, la vaina y la leche a un cazo con base gruesa y lleva lentamente a ebullición, para aromatizar la leche.

Agrega las yemas y el azúcar a un bol y mézclalos unos segundos, a continuación incorpora la harina tamizada y remueve.

Vierte la leche hirviendo sobre la mezcla de las yemas, batiendo constantemente para que no cuaje, y luego devuelve la mezcla al cazo y cuece a fuego medio, removiendo sin cesar durante unos 3 minutos, hasta que espese.

Cuela la crema por un colador de malla, luego cúbrela con papel film tocando la superficie de la crema o con una fina capa de azúcar glas para evitar que se forme costra. Deja templar y luego guárdala en el frigorífico.

Una vez fría la masa, córtala por la mitad para obtener dos rectángulos alargados. Corta cada mitad en seis rectángulos iguales (de unos 6 × 12 cm /2 ½ in × 5 in), para tener 12 en total.

Continúa en la página siguiente →

---

2 horas
Salen 4 pastas de doble capa o 6 de capa sencilla

Preparación - 15 minutos
Cocción - 25-30 minutos
Enfriamiento - 1 hora
Montaje - 15 minutos

143

Masa de hojaldre

Continuación →

Monta la nata con el azúcar. Saca la crema del frigorífico y bátela para eliminar grumos. Incorpora la nata montada a la crema fría y llena una manga pastelera con la mezcla (es importante que la crema esté bien fría antes de mezclarla con la nata). Corta el extremo de la manga pastelera.

Para montar el milhojas, toma una hoja de masa y dispón un pequeño círculo de crema (de unos 2 cm/¾ in) en una esquina del rectángulo. Coloca una frambuesa al lado. Sigue alternando crema y frambuesas hasta cubrir la masa. Dispón un segundo rectángulo encima y espolvoréalo con azúcar glas.

Puedes crear un segundo piso para preparar un milhojas clásico, si lo deseas, o dejarlo como pasta de una sola capa. Continúa hasta terminar la crema, las frambuesas y la masa, y remata la capa superior con una buena cantidad de azúcar glas.

Consejos

El relleno de crema se conserva, cubierto, en el frigorífico hasta 5 días. La clave consiste en enfriar la crema rápidamente después de cocerla. Emplea frutas de temporada como relleno alternativo: arándanos y fresas también quedan genial.

ANATOMÍA DEL MILHOJAS

- bordes cuadrados definidos
- pisos abiertos distinguibles
- masa de hojaldre crujiente
- frutas frescas de temporada

Masa de hojaldre

Pithivier de chocolate

Este era el postre característico del restaurante Bibendum. Trabajé allí como chef repostero en 1992, y fue mi introducción al mundo culinario londinense de aquella década. La cocina era un lugar eléctrico. Una de las primeras tareas que me encargaron fue la elaboración de estos pithiviers de chocolate. Para mí, es un postre infinitamente mejor que su sucesor, el fondant de chocolate. Es especial por su delicioso relleno que se derrite envuelto de mantecoso hojaldre. Una combinación de sabores que no he visto en mi vida. Hay que cocinarlo al momento y tomarlo enseguida con nata bien espesa.

600 g (1 lb 5 oz) de masa de hojaldre (véanse las páginas 134-137)
harina blanca, para espolvorear
1 huevo, batido
azúcar glas, para decorar

Para el relleno

400 g (14 oz) de franchipán (página 111)
100 g (3 ½ oz) de crema pastelera (página 182)
50 g (2 oz) de chocolate negro (70 % de cacao), derretido
50 g (2 oz/¼ de taza) de pepitas de chocolate

Paso 1

Para el relleno, añade el franchipán, la crema, el chocolate fundido y las pepitas de chocolate a un bol grande. Mézclalo todo hasta obtener una crema suave y homogénea. Puedes mezclarlo con el robot amasador a velocidad lenta durante 2 minutos.

Cubre el bol y refrigéralo 2 horas o métalo en el congelador durante 30 minutos.

Paso 2

Divide el relleno en cuatro bolas, cada una de 150 g (5 oz) o forma un único disco de unos 20 cm (8 in) de diámetro.

Extiende la masa sobre una superficie enharinada para formar un círculo de 4 mm (¼ in) de grosor. Acuérdate de darle la vuelta a la masa y enharinarla al extenderla, para que no se pegue.

Si preparas pithiviers individuales, corta cuatro discos de 10 cm (4 in) y luego cuatro más de 12 cm (5 in).

Si preparas uno grande, corta dos discos con ayuda de dos moldes, de 26 cm (10 in) y 30 cm (12 in).

Continúa en la página siguiente →

---

3 ½-6 horas
Sale 1 pithivier grande o 4 pequeños

Paso 1
Preparación - 5 minutos
Refrigeración - 30 minutos-2 horas

Paso 2
Preparación - 15 minutos
Refrigeración - 2-3 horas
Cocción - 25-30 minutos

ANATOMÍA DEL PITHIVIER

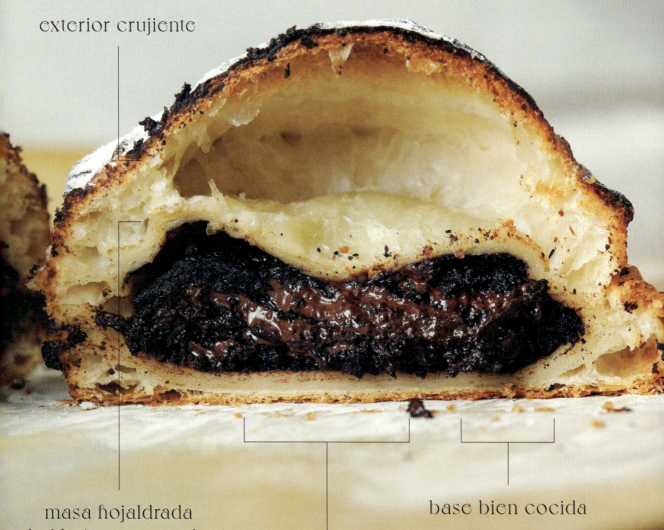

- exterior crujiente
- masa hojaldrada de láminas separadas
- relleno de chocolate blandito
- base bien cocida

Continuación →

Dispón el relleno de chocolate en el centro de los discos pequeños y, con cuidado, aplánalo un poco. Coloca los discos grandes encima y con suavidad mete la capa superior por debajo de la base, creando un cierre limpio [foto 1 de la página 152]. Ponlos sobre una bandeja de horno forrada, luego cúbrelos y refrigéralos 2-3 horas.

Paso 3

Cuando vayas a cocerlos, precalienta el horno a 180 °C con ventilador (400 °F/gas 6).

Pinta las pastas con el huevo batido y espolvoréalas con azúcar glas [fotos 2 y 3 de la página 152].

Hornea durante 25-30 minutos hasta que se doren. El interior de cada pithivier debe quedar algo líquido.

Sírvelos con nata muy espesa para un postre pecaminoso.

Pithivier de fruta

Para el relleno

compota de la fruta elegida (véase nuestra receta de compota de cereza en la página 274)
400 g (14 oz) de franchipán (página 111)

Sigue la anterior receta desde el paso 2, extiende la masa y corta los discos.

Extiende la capa de compota sobre el disco inferior, luego añade con manga pastelera el franchipán. Sella el relleno con el disco superior como se describe y refrigera 2-3 horas.

Pinta y cuece del mismo modo.

Masa de hojaldre

153

Masa de hojaldre

Empanadillas de lentejas

Un relleno alternativo a las salchichas. Usa hierbas culinarias de temporada y especias al gusto para tus lentejas –les va genial el curri y similares–. Prepara las lentejas con suficiente antelación para que se enfríen por completo. Las empanadillas pueden prepararse y congelar para cocerlas cuando se desee.

500 g (1 lb 2 oz) de masa de hojaldre (véanse las páginas 134-137)
harina blanca, para espolvorear
1 yema de huevo, batida
aceite vegetal, para engrasar
semillas de hinojo, para decorar

Para el relleno de lentejas

500 g (1 lb 2 oz/2 ½ tazas) de lentejas verdinas, lavadas
2 litros (8 tazas) de agua
1 cebolla, en láminas finas
2 dientes de ajo, picados
1 tomate de pera maduro
100 g (3 ½ oz) de tallos de perejil
2 ramitas de romero, las hojas
6 ramitas de tomillo
1 hoja de laurel

Para condimentar

1 cebolla, en láminas finas
1 cucharada de cebolla en polvo
1 cucharada de ajo en gránulos
1 cucharadita de mostaza en polvo
2 cucharadas de perejil picado
1 cucharada de romero picado
1 cucharada de tomillo picado
sal marina y pimienta negra recién molida, al gusto

Nota

Te sobrará un poco de relleno de lentejas: puedes congelarlo o usarlo para hacer unas deliciosas hamburguesas vegetarianas.

Paso 1

Para el relleno, pon las lentejas en una olla, cúbrelas con el agua y añade el resto de ingredientes del relleno. Con una cuchara de madera, chafa el tomate con las lentejas (así estas se ablandarán con la cocción). Lleva a ebullición, luego baja el fuego y cuece 30 minutos o hasta que las legumbres estén tiernas.

Cuela las lentejas y desecha la hoja de laurel, el tomillo y el perejil.

Aún calientes, pon la mitad en el vaso de la batidora y tritúralas hasta hacerlas puré.

Añade el puré al resto de lentejas en un cuenco grande, junto con los ingredientes del condimento. Mézclalo todo (puede ser más fácil hacerlo a mano). Prueba y rectifica de sabores. Cubre y refrigera durante al menos 6 horas o toda la noche para que se desarrollen los sabores.

Paso 2

Sobre una superficie enharinada, extiende la masa en forma de rectángulo de 45 × 32 cm (18 × 13 in). Córtalo por la mitad a lo largo. Dispón los rectángulos de lado y reparte el relleno en una línea uniforme a lo largo de cada rectángulo, a modo de salchicha y dejando un espacio de 3 cm (1 in) en los márgenes. Pinta los márgenes con la yema de huevo, luego dobla un lado sobre el relleno para cerrarlo cual sobre. Presiona los márgenes, luego pasa un tenedor por harina y marca toda la unión para sellarla. Vuelve a meter las empanadillas en el frigorífico durante 2 horas para que adquieran firmeza.

Mientras, precalienta el horno a 180 °C con ventilador (400 °F/gas 6). Forra una bandeja con papel vegetal y pinta con un poco de aceite.

Pinta las empanadillas con más yema batida y espolvoréalas con hinojo, y córtalas en cuatro empanadillas más pequeñas, de unos 8 cm (3 in) cada una.

Ponlas sobre la bandeja de horno, dejando espacio entre ellas. Hornea durante 30-35 minutos hasta que se doren.

---

9 ½ horas (o 2 días)
Salen 8 empanadillas

Paso 1
Preparación – 45 minutos
Refrigeración – 6 horas o toda la noche

Paso 2
Preparación – 15 minutos
Refrigeración – 2 horas
Cocción – 30-35 minutos

Cruasanes

Hace cinco años que publicamos nuestro último libro de cocina, pero nuestra elaboración de los cruasanes sigue siendo la misma. Una receta clásica solo precisa tiempo y práctica. Para este libro, hemos ido un poco más allá y hemos jugado con los sabores para conseguir una mayor satisfacción: los rollitos babka de la página 162 llevan la masa de cruasán a otro nivel.

Para el prefermento

- 500 g (1 lb 2 oz/3 ½ tazas) de harina blanca de fuerza (panificable)
- 12 g (2 cucharaditas) de sal marina fina
- 55 g (2 oz/¼ de taza) de azúcar extrafino
- 40 g de mantequilla sin sal, ablandada
- 30 g (2 cucharadas) de levadura fresca
- 140 g (½ taza generosa) de agua fría
- 140 g (½ taza generosa) de leche entera

Para terminar

- 250 g (9 oz) de mantequilla sin sal fría
- más harina, para espolvorear
- 1 huevo, batido

Día 1

Para el prefermento, mezcla la harina con la sal y el azúcar en un bol. Añade la mantequilla y forma grumos con los dedos.

En otro bol añade la levadura, el agua y la leche, y mezcla hasta que se disuelva.

Forma un hueco en el centro de la harina, vierte el líquido dentro y mezcla hasta que queden incorporados todos los ingredientes (procura no trabajar la masa en exceso). Empuja la masa hacia el fondo del bol, cúbrela y refrigérala 8-12 horas o toda la noche.

Día 2

Una hora antes de sacar la masa del frigorífico, golpea suavemente con el rodillo la mantequilla metida entre dos hojas de papel vegetal para formar un cuadrado de unos 5 mm (¼ in) de grosor. Vuelve a meter la mantequilla en el frigorífico durante 40 minutos (la masa y la mantequilla deben estar a la misma temperatura) [fotos 1 y 2 de la página 135].

Traslada la masa a una superficie de trabajo enharinada y extiéndela hasta formar un cuadrado de 25 cm (10 in). Gira la masa para que quede ante ti una forma de diamante, luego extiende cada esquina para darle forma de cruz con cuatro extremos finos y un centro cuadrado [foto 3, página 135].

Dispón la mantequilla en el centro y empieza a encapsularla. Dobla los extremos superior e inferior por encima, tirando para que cubran la mantequilla al máximo. Luego haz lo mismo con los extremos laterales de modo que la masa se cierre como un sobre. Dale unos toquecitos a la masa con el rodillo para sellarla [fotos 4, 5 y 6, página 135].

Con la unión orientada de arriba abajo, extiende la masa para obtener un rectángulo de unos 25 cm (10 in) por 70 cm (27 in).

Continúa en la página siguiente →

---

3 días
Salen 12 cruasanes

Día 1
Preparación - 10 minutos
Refrigeración - 8-12 horas o toda la noche

Día 2
Preparación - 15 minutos + 2 pasos de 5 minutos
Refrigeración - 14 horas o toda la noche

Masa de hojaldre

Día 3
Preparación – 20 minutos
Fermentación – 2 horas
Cocción – 12-15 minutos

Continuación →

Cepilla la harina y dobla la masa en tercios (esto se denomina medio pliegue). Golpea suavemente la masa con el rodillo, luego devuélvela al frigorífico para que repose 1 hora [fotos 7 y 8, página 137].

Saca la masa del frigorífico y ponla de nuevo sobre una superficie de trabajo enharinada. Con la unión orientada de arriba abajo, extiende la masa para obtener un rectángulo de unos 25 cm (10 in) por 70 cm (27 in) [fotos 9 y 10, página 137].

Cepilla la harina y practica otro medio pliegue. Golpea suavemente la masa con el rodillo y luego devuélvela al frigorífico para que repose 1 hora más [foto 11, página 137].

Repite la operación una vez más para completar tres medios pliegues de la masa de cruasán. Cubre y refrigera durante al menos 12 horas (así se mantendrán las capas creadas y será más fácil extender la masa al final) [foto 12, página 137].

Día 3

Saca la masa del frigorífico y ponla sobre una superficie de trabajo enharinada. Con la unión orientada de lado a lado, extiende la masa hasta que mida unos 25 cm (10 in). Gira la masa para que la unión vaya de arriba abajo y extiéndela hasta unos 70 cm (27 in). El tamaño final de la masa debe ser de 25 × 70 cm (10 × 27 in) y el grosor de unos 4 mm (¼ in).

Gira la masa para que el lado más largo te quede delante y, con un cuchillo afilado, córtala en 12 triángulos. La base de cada triángulo debe medir unos cuatro dedos.

Practica un corte de unos 5 mm (¼ in) en la base de cada triángulo. Estira suavemente la masa y luego enrolla el cruasán de modo que la cola quede debajo.

Dispón los cruasanes en una bandeja forrada con papel vegetal, dejando espacio entre ellos. Píntalos con huevo batido y deja que suba la masa en un lugar más bien cálido (24 °C/75 °F) durante 2 horas. En este tiempo deben doblar su tamaño y hacerse visibles las capas creadas. Cuando vayas a hornearlos, también deberías notar que se tambalean. Si no están listos al cabo de 2 horas, dales más tiempo, ¡la espera merece la pena!

Precalienta el horno a 190 °C con ventilador (400 °F/gas 6). Mete la bandeja en el horno y rocía el interior del mismo con agua.

Cuece durante 12-15 minutos hasta que los cruasanes presenten un bonito tono dorado y se vean crujientes. Sácalos del horno y disfruta de ellos.

Masa de hojaldre

Napolitana de praliné

Tradicionalmente, los reposteros franceses aprovechan cruasanes o napolitanas del día anterior para preparar estas pastas. Se rellenan y se vuelven a cocer por segunda vez. Con este praliné se consigue un relleno húmedo mientras que se conserva un exterior crujiente y fresco. La versión con pistachos es similar: se usa pasta de pistacho tostado en lugar de las avellanas, y se decora con pistachos troceados. Son sensacionales.

6 napolitanas de chocolate del día anterior (compradas)
300 g (10 ½ oz) de crema franchipán (página 111)
azúcar glas, para decorar

Para el relleno de praliné

70 g (2 ½ oz/½ taza) de avellanas tostadas
70 g (2 ½ oz/⅓ de taza) de azúcar extrafino

Para el sirope

50 g (2 oz/¼ taza) de azúcar extrafino
100 g (½ taza escasa) de agua

Para elaborar el praliné, forra una bandeja con papel vegetal y esparce las avellanas por encima.

Derrite el azúcar en un cazo a fuego medio-alto hasta que adquiera un tono de caramelo oscuro, luego retíralo del calor y viértelo sobre las avellanas. Deja enfriar 2 horas o hasta que solidifique.

Rompe el praliné con el rodillo y añade los trozos al robot de cocina. Tritura durante 3 minutos para reducirlos a una textura de migas gruesas.

Para preparar el sirope, añade el azúcar y el agua a un cazo a fuego medio-alto, lleva a ebullición, luego baja el fuego y cuece 5 minutos o hasta que el azúcar se disuelva y reduzca un tercio de su volumen. Retira del fuego.

Precalienta el horno a 160 °C con ventilador (350 °F/gas 4). Forra una bandeja grande con papel vegetal.

Incorpora 100 g (3 ½ oz) de las migas de praliné al franchipán.

Corta cada napolitana horizontalmente por la mitad. Moja cada mitad en el sirope y disponlas sobre la bandeja. Añade 50-60 g (2 oz) del franchipán a la base de cada napolitana y tápalas con la mitad superior. Extiende un poco del franchipán restante sobre cada pasta y el resto de migas de praliné encima.

Cuece 30 minutos.

Retira del horno y deja enfriar brevemente. Como toque final, espolvorea con azúcar glas.

Versión de pistacho

Sigue las instrucciones indicadas, añadiendo 100 g (3 ½ oz/⅓ de taza) de pasta de pistacho al franchipán en lugar del praliné.

Antes de hornear, dispón un poco de franchipán de pistacho sobre las napolitanas y espolvoréalas con pistachos troceados.

Masa de hojaldre

Rollitos babka

Son una novedad reciente de Bread Ahead, y difieren bastante del pan babka. Aquí utilizamos masa hojaldrada para cruasán, aunque el relleno de chocolate es el mismo. Esta masa aporta un asombroso sabor al cocerla. Los rematamos con huevo batido y azúcar perlado para darles un toque crujiente. Es importante no pasarse de cocción ya que deben quedar jugosos por dentro.

800 g (1 lb 12 oz) de masa de cruasán (véanse las páginas 156-158)

Para el relleno

55 g (2 oz) de mantequilla sin sal
30 g (1 oz/¼ de taza) de cacao en polvo
55 g (2 oz) de chocolate negro, troceado
1 huevo grande
55 g (2 oz/¼ de taza) de azúcar extrafino

Para terminar

1 huevo, batido
azúcar perlado, para decorar

Extiende la masa para formar un rectángulo del tamaño de una bandeja de horno (45 × 50 cm/18 × 20 in), de unos 3 mm (1/8 in) de grosor.

Para el relleno, derrite la mantequilla con el cacao en un cacito, y mézclalo bien. Mientras aún está caliente, añade el chocolate troceado y remueve hasta que se funda por completo.

En otro bol, bate el huevo con el azúcar hasta que el azúcar empiece a deshacerse. Añade la mezcla de azúcar y huevo a la de chocolate y bate para integrarlo todo.

Con una espátula, extiende el relleno sobre el rectángulo de masa. Deja un margen libre de relleno en uno de los lados largos y luego píntalo con un poco de agua (este margen servirá para sellar la masa al enrollarla). Enrolla la masa a lo largo, presionando con cuidado el margen libre de relleno. Deja reposar la masa un momento con la costura debajo.

Corta el cilindro de masa en 12 trozos, de unos 4 cm (1 ½ in) de grosor. Dispón cada rollito en un hueco individual de un molde para 12 magdalenas y deja que fermente 1 hora a temperatura ambiente.

Mientras, precalienta el horno a 180 °C con ventilador (400 °F/gas 6).

Pinta los rollitos con el huevo batido y espolvorea con el azúcar perlado. Hornéalos 15 minutos, luego gira la bandeja en el horno y cuécelos 10 minutos más hasta que se doren.

---

1 hora 40 minutos (+ 2 días para preparar la masa de cruasán)
Salen 12 rollitos

Preparación - 15 minutos
Fermentación - 1 hora
Cocción - 25 minutos

Masa de hojaldre

ANATOMÍA DE UN ROLLITO BABKA

capas hojaldradas distinguibles

textura húmeda

exterior dorado y crujiente

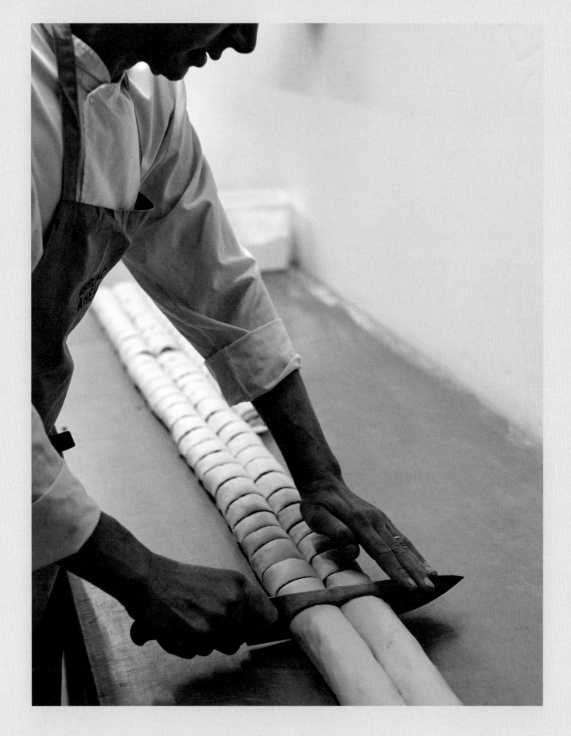

Rollitos de azafrán

Son una de las estrellas de nuestro curso de repostería escandinava. El azafrán es un sabor que parece combinar especialmente bien con una masa mantecosa y hojaldrada. Estos son diferentes de los clásicos escandinavos, pero creo que te van a gustar.

una pizca de hebras de azafrán
140 g (½ taza generosa) de agua acabada de hervir
500 g (1 lb 2 oz/3 ½ tazas) de harina blanca de fuerza (panificable), y un poco más para espolvorear
12 g (2 cucharaditas) de sal marina fina
55 g (2 oz/¼ de taza) de azúcar extrafino
40 g (1 ½ oz) de mantequilla sin sal, ablandada
30 g (2 cucharaditas) de levadura fresca o 15 g (5 cucharaditas) de levadura seca activa
140 g de leche entera

Para terminar

250 g (9 oz) de mantequilla sin sal, y un poco más para engrasar (opcional)
50 g (2 oz/¼ de taza) de azúcar moreno blando claro
1 huevo, batido
azúcar perlado (opcional)
almendras laminadas (opcional)

Día 1

Agrega el azafrán al agua recién hervida y deja templar.

Pon la harina, la sal y el azúcar en un bol y mézclalos. Añade la mantequilla y frótala entre los dedos hasta obtener unas finas migas.

Añade la levadura y la leche al agua con el azafrán, y remueve para disolver la levadura.

Forma un hueco en la mezcla seca y vierte el líquido en él. Mezcla bien para incorporar los ingredientes secos (procura no trabajar la masa en exceso). Amasa brevemente en el bol para conseguir una masa suave. Empuja la masa hacia el fondo del bol, cúbrela y refrigérala 8-12 horas.

Día 2

Golpea la mantequilla fría con un rodillo para aplanarla y saca la masa del frigorífico. Ahora forma láminas de masa con mantequilla, siguiendo el método de las páginas 156-158, y refrigera 12 horas.

Saca del frigorífico la masa aromatizada con el azafrán y ponla sobre una superficie de trabajo enharinada. Gira la masa para que la unión vaya de arriba abajo y extiéndela hasta unos 80 cm (31 in) de largo, 40 cm (16 in) de ancho y unos 4 mm (¼ in) de grosor.

Da un cuarto de giro a la masa para que el lado largo del rectángulo quede frente a ti, luego enróllala en forma de salchicha. Con la unión en la parte inferior, corta el cilindro en 16 partes iguales, de unos 70 g (2 ½ oz) cada una.

Continúa en la página siguiente →

---

2 días
Salen 12 rollitos

Día 1
Preparación – 15 minutos
Reposo – 8-12 horas

Día 2
Fase de laminación – 3 horas
Preparación – 20 minutos
Fermentación – 2 horas (o hasta 12 horas en el frigorífico)
Cocción – 12-15 minutos

167

Masa de hojaldre

ANATOMÍA DE LOS ROLLITOS DE AZAFRÁN

exterior laminado

color amarillo vivo

textura ligera, abierta

Continuación →

Espolvorea los huecos de un molde para magdalenas con gran parte del azúcar moreno, reservando 1 cucharada para espolvorear los rollitos antes de hornearlos. Utiliza un molde del tamaño y forma que tengas. Si usas un molde metálico, engrásalo antes con mantequilla. Nosotros usamos moldes de silicona que no hay que engrasar.

Pon los rollitos en los huecos del molde y deja que fermenten en un lugar cálido (lo ideal es que estén a 24 ºC/75 ºF) durante 2 horas. También puedes dejar que suban lentamente en el frigorífico hasta 12 horas. Cuando vayas a hornearlos, deberías notar que se tambalean. Si no están listos al cabo de 2 horas, dales más tiempo, ¡la espera merece la pena!

Precalienta el horno a 190 ºC con ventilador (400 ºF/gas 6).

Pinta los rollitos con huevo batido y espolvoréalos con el resto de azúcar moreno. Espolvorea el azúcar perlado y las almendras laminadas, si los usas. Mete el molde en el horno y pulveriza el interior con agua o dispón una bandeja con ¼ de taza de agua en la parte inferior del horno. Cuece durante 12-15 minutos hasta que los rollitos se doren y se vean crujientes.

Sácalos del horno y disfrútalos.

Cruasanes salados

He aquí una buena manera de aprovechar cruasanes del día anterior para no tirarlos. Empieza preparando la bechamel y dejándola enfriar, luego prueba una de las variaciones propuestas. Sé generoso con los rellenos y no escatimes en hierbas aromáticas.

6 cruasanes (véase la página 156)
sal marina y pimienta negra recién molida

Para la salsa bechamel

250 g (1 taza) de leche entera
½ cucharadita de mostaza inglesa
una pizca de sal
50 g (2 oz) de mantequilla sin sal
30 g (1 oz/2 cucharadas) de harina blanca

Para el relleno de espinacas con queso

25 g (¾ oz) de mantequilla sin sal
150 g (5 oz) de espinacas frescas
150 g (5 oz) de queso de cabra

Para el relleno de setas con hierbas

25 g (¾ oz) de mantequilla sin sal
500 g (1 lb 2 oz) de champiñones, en láminas finas
una pizca de sal marina fina
un puñado de hierbas aromáticas (estragón, perejil o eneldo), picadas
queso Cheddar curado, al gusto

Para el relleno de tomates con ajo

6 tomates de pera, cortados por la mitad
2 cucharadas de aceite de oliva
hierbas aromáticas secas, al gusto
un manojito de ajos de oso, picado (o ½ cabeza de ajos, cortada por la mitad horizontalmente)

Para la salsa bechamel, pon la leche, la mostaza y la sal en un cazo a fuego medio y caliéntalo.

En otro cazo, derrite la mantequilla. Ya derretida, añade la harina y remueve. Sigue removiendo la mezcla a fuego medio hasta que forme una pasta.

Añade la leche al cazo de la mantequilla y mezcla. Sigue cociendo la salsa hasta que espese, removiendo con frecuencia para que no se pegue. Cubre la superficie de la salsa con papel film y deja enfriar.

Para el relleno de espinacas con queso

Derrite la mantequilla en una cacerola grande, añade las espinacas y cuécelas hasta que se ablanden y absorban la mantequilla. Esparce las espinacas sobre una bandeja para que se enfríen.

Trocea el queso y pásalo a un bol grande junto con la bechamel y las espinacas y mézclalo todo. Salpimienta al gusto.

Para el relleno de setas con hierbas

Derrite la mantequilla en una sartén grande a fuego medio-alto. Cuando empiece a formar espuma, añade las setas y saltéalas unos minutos hasta que empiecen a dorarse. Añade una pizca de sal para que suelten su jugo. Sigue cociendo las setas hasta que hayan reabsorbido todo el jugo, luego pásalas a una bandeja para que se enfríen.

Añade las hierbas aromáticas a un bol grande con la bechamel y las setas. Ralla queso por encima –la cantidad que desees; nosotros usamos unas 2 cucharadas por cruasán–. Remuévelo todo, luego prueba y rectifica de condimentos.

Continúa en la página siguiente →

---

1 ¼-2 horas (más 3 días para preparar los cruasanes de cero)
Las cantidades son para rellenar 6 cruasanes

Preparación - 20 minutos
Enfriamiento - 30 minutos

Cocción - 25 minutos
(+ 45-50 minutos si asas los tomates)

Continuación →

Para el relleno de tomates con ajo

Precalienta el horno a 140 °C con ventilador (325 °F/gas 3). Forra una bandeja con papel vegetal.

Dispón los tomates, con el corte arriba, sobre la bandeja de horno y rocíalos con aceite de oliva y las hierbas elegidas. Si usas una cabeza de ajos, añádela también a la bandeja.

Hornéalos 45-50 minutos o hasta que los tomates se ablanden y empiecen a secarse, y los jugos hayan caramelizado un poco. Deja templar.

Si usas ajo de oso troceado, incorpóralo a la bechamel ya enfriada. Otra opción, si usas ajo asado, es presionar para que la pulpa de los ajos cocidos se separe de la piel y mezclarla con la bechamel. Salpimienta al gusto.

Para terminar

Precalienta el horno a 160 °C con ventilador (350 °F/gas 4).

Con cuidado, abre cada cruasán horizontalmente por el medio y rellénalo con la mezcla elegida. Si preparas el relleno de tomates y ajo, rellénalos con unas cucharadas de bechamel de ajo con dos mitades de tomate encima.

Pon los cruasanes en una bandeja y hornéalos 25 minutos.

Consejos

– Las espinacas congeladas también sirven, pero las frescas van mejor. Deja el queso en trozos grandes para notarlos al comer. A falta de queso de cabra, cualquier otro queso seco, tipo Cheddar, resulta delicioso.

– El cruasán de tomate y ajo es un producto de temporada en Bread Ahead, ya que el ajo de oso se encuentra durante una época limitada. Es importante secar bien los tomates para que no queden acuosos. También puedes usar tomates cherry, que aportarán un delicado dulzor.

Pasta de espinacas y feta

Al utilizar masa de cruasán, se consiguen un dulzor y textura deliciosos. Se puede usar masa de hojaldre, pero la de cruasán queda mejor. Una pizca de nuez moscada realza el sabor de las espinacas. Lo ideal es que las espinacas sean frescas, si son congeladas debes escurrirlas muy bien.

harina blanca, para espolvorear
500 g (1 lb 2 oz) de masa de cruasán (véase la página 156)
1 huevo, batido

Para el relleno

30 g (1 oz) de mantequilla sin sal
500 g (1 lb 2 oz) de espinacas frescas
250 g (9 oz) de queso feta
nuez moscada, para rallar
sal marina y pimienta negra recién molida

Para el relleno, derrite la mantequilla en un cazo grande a fuego medio. Cuando espumee, añade las espinacas y cuécelas hasta que queden del todo mustias. Esparce las espinacas sobre una bandeja para que se enfríen.

Añade las espinacas a un cuenco grade, desmiga el queso por encima y mézclalo, luego salpimienta y ralla un poco de nuez moscada. Llena una manga pastelera de boca grande con la mezcla.

Sobre una superficie enharinada, extiende la masa de cruasán hasta un grosor de 5 mm (¼ in) y el tamaño de una bandeja de horno de unos 40 × 50 cm (16 × 20 in). Córtala en dos rectángulos a lo largo y disponlos de lado.

Con la manga, aplica dos tiras de relleno a lo largo del medio de cada rectángulo de masa. Pinta los márgenes con la yema de huevo o con agua, luego dobla un lado sobre el relleno para cerrarlo sobre el otro. Presiona los márgenes, luego pasa un tenedor por harina y marca toda la unión para sellarla.

Cubre con un trapo húmedo y deja que la masa fermente 1 hora.

Precalienta el horno a 180 °C con ventilador (400 °F/gas 6). Forra 2 bandejas con papel vegetal.

A continuación, corta cada masa en 3-4 porciones individuales y disponlas sobre las bandejas, bien separadas.

Pinta las pastas con huevo batido y márcalas con unos cuantos cortes en diagonal.

Hornea durante 18-20 minutos hasta que se doren. Cerciórate de que la base de cada pasta quede cocida y tostada.

---

1 hora 40 minutos
Salen 6-8 unidades

Preparación – 20 minutos
Fermentación – 1 hora
Cocción – 20 minutos

Masa de hojaldre

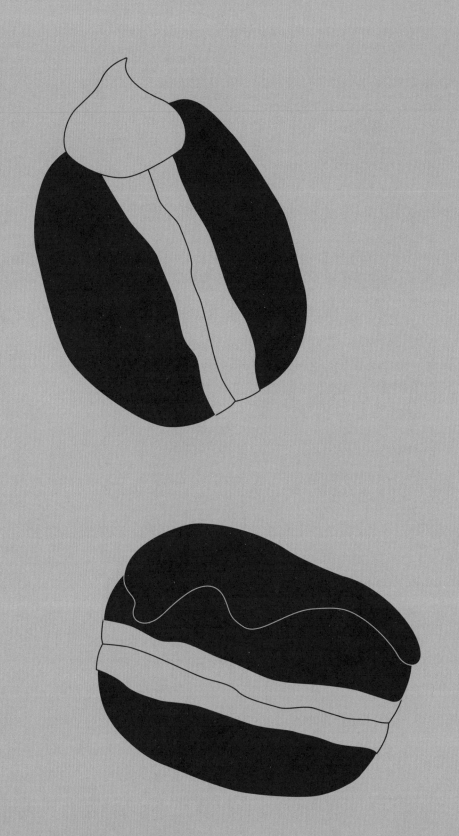

cinco

Dónuts y rellenos

Dónuts

Nos hemos recreado con los sabores, pero la base de nuestros dónuts sigue siendo la misma. Empezamos con cinco sabores durante el primer par de años, pero con el tiempo los hemos ampliado, y todos son deliciosos.

Para la masa

- 250 g (9 oz/1 ¾ tazas) de harina blanca de fuerza (panificable), y un poco más para espolvorear (opcional)
- 30 g (1 oz/3 cucharadas) de azúcar extrafino
- 5 g (¾ de cucharadita) de sal marina fina
- ralladura de ½ limón
- 75 g (5 cucharadas escasas) de agua
- 2 huevos
- 8 g (1 ½ cucharaditas) de levadura fresca o 4 g (1 ¼ cucharaditas) de levadura seca activa
- 65 g (2 ¼ oz) de mantequilla sin sal, ablandada

Para terminar

- 2 litros (8 tazas) de aceite (de colza, de girasol o de maíz), para freír, y un poco más para engrasar (opcional)
- 200 g (7 oz/¾ de taza) de azúcar extrafino, para espolvorear

Día 1

Mezcla todos los ingredientes de la masa, a excepción de la mantequilla, en un bol. Vuelca la masa sobre una superficie de trabajo y amásala 5 minutos. (Si usas un robot amasador, lee el consejo de la página 181.)

Deja reposar 1 minuto.

Empieza a añadir la mantequilla, una cuarta parte a la vez, incorporándola a la masa. Trabaja la masa 5 minutos más hasta que quede lustrosa, suave y muy elástica al estirarla.

Devuelve la masa al bol, cúbrela con un plato y deja fermentar hasta que doble su tamaño, alrededor de 1 ½ horas.

Aprieta la masa para sacarle el aire, cubre el bol de nuevo y refrigera toda la noche.

Día 2

Saca la masa del frigorífico y divídela en 10 porciones, cada una de unos 50 g (2 oz). Enharina una bandeja grande o engrásala con aceite.

Forma 10 bollos con la masa, según las instrucciones de la página 38, y disponlos sobre la bandeja, bien espaciados para que no se peguen entre sí al fermentar. Cubre con un trapo de cocina húmedo o con papel film aceitado y deja fermentar durante unas 2 horas, o hasta que doblen de tamaño.

Prepara la freidora o llena una sartén de base gruesa hasta la mitad de aceite (con extremo cuidado: el aceite caliente es muy peligroso). Calienta el aceite hasta 180 °C (350 °F). Es esencial la sonda de la freidora o un termómetro de cocina para una buena precisión.

Continúa en la página siguiente →

---

2 días
Salen 10 dónuts

Día 1
Preparación – 15 minutos
Fermentación – 1 ½ horas
Reposo – toda la noche

Día 2
Preparación – 10 minutos
Fermentación – 2 horas
Freír – 15-20 minutos

Dònuts y rellenos

ANATOMÍA DE LOS DÓNUTS

exterior dorado y azucarado

miga homogénea y mantecosa

franja definida si la fermentación fue homogénea

Continuación →

Cuando el aceite esté a la temperatura adecuada, con cuidado retira los dónuts de la bandeja deslizando una rasqueta o espátula enharinada por debajo, procurando no deshincharlos al sumergirlos en el aceite. No pongas demasiados al mismo tiempo, cocina 2 o 3 a la vez, según el tamaño de la sartén. Fríelos durante 2 minutos por cada lado hasta que se doren: se hincharán y flotarán.

Sácalos del aceite con una espumadera y colócalos sobre papel de cocina, luego espolvoréalos con azúcar mientras aún estén calientes.

Repite la operación hasta freír todos los dónuts, PERO asegúrate de que la temperatura del aceite sea correcta en cada tanda: si es demasiado alta, se dorarán antes de tiempo, se quemarán y quedarán crudos por dentro; si es demasiado baja, absorberán el aceite y quedarán grasientos.

Deja que se enfríen antes de rellenarlos.

Para rellenar los dónuts, practica un agujero con un cuchillo para untar (en cualquier punto de la franja clara entre los lados fritos). Con una manga pastelera, llena cada dónut con el relleno deseado.

Lo mejor es comerlos enseguida.

Consejo

Si usas un robot amasador, mezcla todos los ingredientes, excepto la mantequilla, con el gancho, y amasa unos minutos a velocidad media. Deja reposar 1 minuto. Vigila que no se sobrecaliente la máquina, ¡precisa descansar, igual que la masa! Enciéndela de nuevo a velocidad media y poco a poco añade la mantequilla, una cuarta parte a la vez. Una vez incorporada, amasa a velocidad alta 5 minutos.

Dónuts de crema de vainilla

Es la variedad más popular. La crema de vainilla, o crema pastelera, es tan sencilla y a la vez tan deliciosa que resulta difícil resistirse a ella. Creo que lo que funciona tan bien es la textura y la simplicidad de sabores.

10 dónuts (véanse las páginas 178-181)

Para la crema pastelera (de vainilla)

½ vaina de vainilla
250 g (1 taza) de leche entera
3 yemas de huevo
60 g (2 oz/⅓ de taza) de azúcar extrafino
30 g (1 oz/3 cucharadas colmadas) de harina blanca

Para terminar

60 g (¼ de taza) de nata para montar
30 g (1 oz/2 cucharadas) de azúcar extrafino

Abre la vaina de vainilla a lo largo y rasca las semillas con un cuchillo. Añade las semillas, la vaina y la leche a un cazo con base gruesa y lleva lentamente a ebullición, para aromatizar la leche.

Mientras, agrega las yemas y el azúcar a un bol y mézclalos unos segundos, a continuación incorpora la harina tamizada y remueve. Vierte la leche hirviendo sobre la mezcla de las yemas, batiendo constantemente para que no cuaje, y luego devuelve la mezcla al cazo y cuece a fuego medio, removiendo sin cesar durante unos 3 minutos, hasta que espese.

Cuela la mezcla y dispón una hoja de papel vegetal o una capa fina de azúcar glas sobre la superficie de la crema para que no se forme costra (conserva la vaina de vainilla: lávala y sécala para usarla de nuevo). Deja templar la crema, luego refrigérala.

Para terminar, bate la nata con el azúcar y luego incorpora la crema fría y remueve bien. Llena una manga pastelera con la crema cuando vayas a rellenar los dónuts (véase la página 181).

1 hora 20 minutos
Sale suficiente crema para rellenar 10 dónuts

Preparación – 15 minutos
Enfriamiento – 1 hora
Acabado – 5 minutos

Dónuts Eton Mess

Cada año los preparamos al inicio de la semana del campeonato de Wimbledon, como pistoletazo de salida del verano. Fresas, nata, merengue y crema pastelera se unen para recrear un postre clásico metido en un dónut. Juego, set y partido.

10 dónuts (véanse las páginas 178-181)

Para el merengue

2 claras de huevo
125 g (4 oz/½ taza generosa) de azúcar extrafino

Para la crema pastelera

½ vaina de vainilla
250 g (1 taza) de leche entera
3 yemas de huevo
60 g (2 oz/⅓ de taza) de azúcar extrafino
30 g (1 oz/3 cucharadas colmadas) de harina blanca

Para terminar

1 cestito de fresas
60 g (¼ de taza) de nata para montar
1 cucharada de azúcar extrafino

Precalienta el horno a 110 °C con ventilador (90 °F/gas ¼). Forra una bandeja con papel vegetal.

En un bol grande, bate las claras hasta que queden espumosas y blancas. Añade el azúcar y sigue batiendo hasta que se formen picos. (Puedes hacerlo con un robot de cocina o batidora eléctrica si lo deseas.)

Llena una manga pastelera con boquilla de 15 mm (¾ in) (o corta la punta de una bolsa de plástico) con el merengue. Aplica tiras de merengue, de unos 8 cm (3 in) cada una, sobre la bandeja preparada.

Hornea durante 2 horas. El merengue no debe tostarse, de modo que es esencial cocerlo a fuego bajo.

Mientras, prepara la crema según las instrucciones de la página 182.

Para terminar, corta las fresas en trozos de 1 cm (½ in) (reservando unas cuantas para laminarlas y decorar) y rompe la mitad de los merengues. Bate la nata con el azúcar y luego incorpora la crema fría y remueve bien. Finalmente, añade las fresas y el merengue troceados. Llena con la mezcla una manga pastelera.

Rellena los dónuts con la mezcla (véase la página 181), y decora con un buen trozo de merengue y unas rodajas de fresa.

---

2 ½ horas
Sale suficiente para rellenar 10 dónuts

Preparación - 15 minutos
Enfriamiento - 2 horas
Acabado - 15 minutos

Consejo

Estos dónuts quedan preciosos rematados con un hilo de coulis de fresa. Si te sobran fresas, puedes preparar el coulis pasando las fresas troceadas por un colador chafándolas con el dorso de cuchara de madera. Otra opción es triturarlas y colarlas para eliminar las semillas.

Dónuts de crema de limón

De pequeño, la crema de limón (lemon curd) que conocía venía en un tarro de mermelada y no sabía a limón. He creado esta versión que sí merece su nombre. La idea es conseguir la sensación de morder un limón. Es importante una cocción lenta y luego dejar enfriar la crema toda la noche en el frigorífico. La acidez del limón combina genial con el dónut. Nos gusta rematarlo con un poco de ralladura de limón.

10 dónuts (véanse las páginas 178-181)

Para la crema de limón

125 g (4 oz) de mantequilla sin sal
20 g (¾ oz/2 cucharadas colmadas) de harina blanca
125 g (½ taza) de zumo de limón (o mitad limón y mitad lima)
125 g (4 oz/½ taza) de azúcar extrafino
2 huevos, más 3 yemas

Opcional

60 g (¼ de taza) de nata para montar
ralladura de ½ lima

Añade la mantequilla y la harina a un cazo de base gruesa a fuego medio hasta que se derrita la mantequilla, removiendo bien para que se mezclen.

En otro cazo, combina el zumo de limón con el azúcar y lleva a ebullición, removiendo de vez en cuando para disolver el azúcar.

Con cuidado, vierte la mezcla de limón en el cazo de la mantequilla con harina, batiéndolo todo. Lleva a ebullición y cuece 1 minuto.

Retira del fuego y agrega los huevos y las yemas, batiendo para integrarlos. Baja el fuego y cocina la crema 1 minuto, removiendo mientras espesa.

Pasa la crema a una bandeja o un cuenco grande para enfriarla. Se conserva meses en el frigorífico si la guardas en un recipiente hermético.

Ahora, puedes rellenar los dónuts con la crema, o añadir un poco de nata a la crema para aligerarla (aunque creo que la nata montada no tiene nada de ligero).

Si la usas, monta la nata y luego incorpórala a la crema de limón.

Introduce el relleno en una manga pastelera.

Rellena cada dónut con unos 50-60 g (2 oz) de crema para que resulten saciantes (véase la página 181). A nosotros nos encanta decorarlos con un poco de lima rallada.

---

50 minutos
Sale suficiente crema para rellenar 10 dónuts

Preparación – 15 minutos
Enfriamiento – 30 minutos
Acabado – 5 minutos

Dónuts de calabaza

Creamos estos dónuts para la fiesta de Halloween. Son como dónuts de crema catalana y saben sensacional. Pero son laboriosos, de modo que solo los preparamos un día al año.

10 dónuts (véanse las páginas 178-181)

Para el puré de calabaza
1 calabaza pequeña

Para la crema pastelera
½ vaina de vainilla
250 g (1 taza) de leche entera
3 yemas de huevo
60 g (2 oz/⅓ de taza) de azúcar extrafino
30 g (1 oz/3 cucharadas colmadas) de harina blanca

Para el relleno de crema
60 g (¼ de taza) de nata para montar

Para la salsa toffe
250 g (9 oz/1 taza generosa) de azúcar extrafino
50 g (2 oz) de mantequilla sin sal

Empieza preparando el puré de calabaza. Precalienta el horno a 150 °C con ventilador (350 °F/gas 4).

Abre la calabaza por la mitad y retira y desecha las semillas y los hilos. Parte cada mitad en cuartos, pélalos con un pelador de patatas y córtalos en dados de 1 cm (½ in). Dispón los dados en una bandeja y ásalos 1 hora hasta que queden secos y algo dorados.

Échalos al vaso de la batidora y tritúralos hasta hacerlos puré. Deja templar.

Mientras, prepara la crema para el relleno. Abre la vaina de vainilla a lo largo y retira las semillas. Añade las semillas, la vaina y la leche a un cazo con base gruesa y lleva lentamente a ebullición, para aromatizar la leche.

Mientras, agrega las yemas y el azúcar a un bol y mézclalos unos segundos, a continuación incorpora la harina tamizada y remueve. Vierte la leche hirviendo sobre la mezcla de las yemas, batiendo constantemente para que no cuaje, y luego devuelve la mezcla al cazo y cuece a fuego medio, removiendo sin cesar durante unos 3 minutos, hasta que espese.

Cuela la mezcla y dispón una hoja de papel vegetal o una capa fina de azúcar glas sobre la superficie de la crema para que no se forme costra (conserva la vaina de vainilla: lávala y sécala para usarla de nuevo). Deja templar la crema, luego refrigérala.

Monta la nata en un bol grande hasta que se formen picos firmes.

Toma 200 g (7 oz) de puré de calabaza. Añade la crema pastelera y el puré de calabaza a la nata montada y, con cuidado, mézclalo todo bien. Llena con la mezcla una manga pastelera.

---

2 ½ horas
Sale suficiente crema para rellenar 10 dónuts

Preparación - 15 minutos
Cocción - 1 hora
Enfriamiento - 1 hora
Acabado - 15 minutos

Rellena cada dónut con una buena cantidad de crema (véase la página 181). Nuestra recomendación son 60 g (2 oz), para que la experiencia sea una delicia.

Para terminar, prepara la salsa de tofe. Pon el azúcar y la mantequilla en un cazo de base gruesa a fuego medio. Calienta unos minutos hasta que se derrita el azúcar y la mezcla presente la consistencia de la miel y el tono del caramelo.

Retira el cazo del calor y con mucho cuidado moja cada dónut hasta la mitad en el caramelo. Deja que se enfríen antes de devorarlos.

Dónuts de crema de pistacho

La pasta de pistacho tostado es un ingrediente especializado, pero vale la pena buscarlo. Muchos proveedores venden pasta de calidad por internet. Para mí, esta variedad es una de las más destacadas de la apreciada gama de dónuts de Bread Ahead. El sabor a fruto seco y el dulzor del pistacho complementan a la perfección la masa esponjosa del dónut.

10 dónuts (véanse las páginas 178-181)

Para la crema de pistacho

½ vaina de vainilla
250 g (1 taza) de leche entera
3 yemas de huevo
60 g (2 oz/⅓ de taza) de azúcar extrafino
30 g (1 oz/3 cucharadas colmadas) de harina blanca
30 g (1 oz/2 cucharadas) de pasta de pistacho tostado (comprada)

Para terminar

60 g (¼ de taza) de nata para montar
1 cucharada de azúcar extrafino
un puñadito de pistachos pelados y troceados

Abre la vaina de vainilla a lo largo y rasca las semillas con un cuchillo. Añade las semillas, la vaina y la leche a un cazo con base gruesa y lleva lentamente a ebullición, para aromatizar la leche.

Mientras, agrega las yemas y el azúcar a un bol y mézclalos unos segundos, a continuación incorpora la harina tamizada y remueve. Vierte la leche hirviendo sobre la mezcla de las yemas, batiendo constantemente para que no cuaje, y luego devuelve la mezcla al cazo y cuece a fuego medio, removiendo sin cesar durante unos 3 minutos, hasta que espese.

Cuela la mezcla y dispón una hoja de papel vegetal o una capa fina de azúcar glas sobre la superficie de la crema para que no se forme costra (conserva la vaina de vainilla: lávala y sécala para usarla de nuevo). Deja templar la crema, luego refrigérala.

Saca la crema del frigorífico e incorpora la pasta de pistacho mezclándolas bien.

Para terminar, bate la nata con el azúcar y luego incorpora la crema fría y remueve bien. Llena una manga pastelera con la crema cuando vayas a rellenar los dónuts (véase la página 181).

Una vez rellenos, decóralos con unos pistachos troceados por encima.

1 hora 20 minutos
Sale suficiente crema para rellenar 10 dónuts

Preparación - 15 minutos
Enfriamiento - 1 hora
Acabado - 5 minutos

seis

pasteles

Bizcocho Victoria

Este clásico es un examen de buen repostero. Uno de los aspectos críticos consiste en batir bien el azúcar con la mantequilla antes de añadir el huevo. No caigas en la tentación de abrir el horno a media cocción porque eso provocará que se hunda el centro del bizcocho. Merece la pena preparar el molde a conciencia con mantequilla y harina para desmoldar bien el bizcocho.

Para el bizcocho

225 g (8 oz) de mantequilla sin sal, y un poco más para engrasar
225 g (8 oz/1 taza) de azúcar extrafino
4 huevos
225 g (8 oz/1 ¾ tazas) de harina leudante, y un poco más para espolvorear
1 cucharadita de levadura en polvo

Para la crema de mantequilla

100 g (3 ½ oz) de mantequilla sin sal, ablandada
150 g (5 oz/1 ¼ tazas) de azúcar glas, tamizado

Para terminar

mermelada al gusto (véase la página 270 para una receta casera)
azúcar glas, para decorar

Precalienta el horno a 180 °C con ventilador (400 °F/gas 6). Engrasa y enharina dos moldes redondos de 20 cm (8 in).

En un bol, o un robot con el accesorio de pala, bate la mantequilla con el azúcar hasta que quede esponjoso y adquiera un tono muy pálido. Puede que debas rascar las paredes interiores del bol para seguir batiendo la mezcla que se sube por ellas. Ahora puedes añadir 2 cucharadas de la harina para integrarla en la mezcla. Esto evita que se separe la mezcla al añadir los huevos.

Añade los huevos de uno en uno batiendo para que se mezclen bien. Cada huevo debe quedar completamente incorporado a la masa antes de añadir el siguiente.

En otro bol, tamiza la harina y la levadura en polvo. Añade a la masa y remueve suavemente, con cuidado para no trabajarla demasiado. Para que el bizcocho quede ligero y esponjoso, hay que dejar de mezclar en cuanto la harina quede integrada.

Vierte la masa en los moldes y allana la superficie. Cuece durante 25 minutos o hasta que al pinchar el centro con un cuchillo este salga limpio.

Mientras, prepara la crema. Combina la mantequilla con el azúcar en un cuenco (si el azúcar glas ha formado grumos, tamízalo) y bátelos hasta obtener una mezcla homogénea, suave y espesa. Puede resultarte más fácil si añades el azúcar en dos tandas.

Retira los bizcochos del horno y déjalos enfriar sobre una rejilla. Deben enfriarse del todo antes de montar el pastel.

Luego, extiende la crema de mantequilla sobre una capa, y la mermelada por encima de la crema. Tapa con la otra capa de bizcocho. Espolvorea generosamente con azúcar glas, corta y disfruta el pastel con una taza de té.

---

1 ½ horas
6 raciones

Preparación – 15 minutos
Cocción – 25 minutos
Enfriamiento – 45 minutos
Montaje – 5 minutos

Pastel Madeira

Para esta receta, seguimos el método inverso de batido, que es una manera de minimizar el desarrollo del gluten de la masa. Te parecerá que es hacer las cosas al revés, pero sigue nuestro consejo. Esta receta básica es apta para añadirle otros ingredientes, por ejemplo coco en láminas, pistachos, pepitas de chocolate, etcétera.

175 g (6 oz) de mantequilla sin sal, ablandada, y un poco más para engrasar
175 g (6 oz/¾ de taza) de azúcar extrafino
200 g (7 oz/1 ½ tazas) de harina leudante, tamizada
50 g (2 oz/½ taza) de almendras molidas
3 huevos grandes
1-2 cucharadas de leche entera (opcional)
ralladura de 1 limón
½ cucharadita de extracto de almendra

Ingredientes opcionales

1-2 cucharadas de fruta confitada o guindas
unas cuantas ciruelas pasas, troceadas
unos cuantos pistachos o avellanas, troceados

Para decorar (opcional)

almendras laminadas
azúcar demerara

Precalienta el horno a 160 °C con ventilador (350 °F/gas 4). Engrasa y forra un molde metálico de 900 g (2 lb).

En un bol, o un robot con el accesorio de pala, bate la mantequilla con el azúcar hasta que quede esponjoso y adquiera un tono muy pálido.

En otro bol grande, mezcla la harina con las almendras molidas.

Añade los ingredientes secos a la mantequilla y bátelos juntos hasta que los secos queden bien integrados. Puedes hacerlo con vigor si los bates a mano.

Añade los huevos, de uno en uno, mezclando bien cada vez. Si usas robot amasador, añade los huevos batiendo a velocidad media. Una vez incorporados todos los huevos, puedes aumentar la velocidad 20 segundos para obtener una pasta ligera y cremosa. Si la masa queda un poco espesa, añade 1-2 cucharadas de leche.

Añade la ralladura de limón, extracto de almendra y la fruta confitada o seca y los frutos secos (si usas) y remueve.

Vierte la pasta en el molde y espolvorea con almendras laminadas y azúcar demerara si lo deseas.

Hornea el pastel 50-55 minutos o hasta que se dore y al pinchar el centro con un cuchillo este salga limpio.

Sácalo del horno y deja enfriar en el molde durante 10-15 minutos, luego pásalo sobre una rejilla, retira el papel vegetal y deja que se enfríe del todo.

1 hora 10 minutos
6-8 raciones

Preparación – 15 minutos
Cocción – 50-55 minutos

Pasteles

Bizcocho marmoleado

Esta receta es sencilla y resulta ideal para cocinar en familia y enseñar a los niños los principios básicos de la repostería. Es asombroso cómo se consiguen dos sabores muy diferenciados a partir de la misma masa al dividirla y adaptar una parte.

250 g (9 oz) de mantequilla sin sal, ablandada
250 g (9 oz/1 taza generosa) de azúcar extrafino
4 huevos (225 g/8 oz)
225 g (8 oz/1 ¾ tazas) de harina leudante
4 cucharaditas de leche entera
una pizca de sal marina fina
30 g (1 oz/¼ de taza) de cacao en polvo
un puñado de pepitas de chocolate

Precalienta el horno a 170 °C con ventilador (375 °F/gas 5). Engrasa y forra con papel vegetal un molde metálico de 900 g (2 lb).

Pon todos los ingredientes, excepto el cacao y las pepitas de chocolate, en un bol grande y bátelos hasta obtener una pasta cremosa y homogénea. Puedes hacerlo en el robot de cocina con ayuda de la pala.

Divide la pasta en dos y pasa una mitad a otro bol: no hace falta que sea exacta.

Añade el cacao y unas pepitas de chocolate a una mitad y remueve bien.

Añade una cucharada de cada una de las pastas al molde, alternándolas hasta acabarlas y llenar el molde. Con cuidado, arrastra un cuchillo romo dibujando una forma de ocho en la pasta para crear el efecto marmoleado, pero sin pasarte.

Cuece durante 60 minutos o hasta que al pinchar el centro con un cuchillo este salga limpio.

Deja que se enfríe por completo antes de cortar el bizcocho. Es una delicia.

1 hora
6-8 raciones

Preparación – 10 minutos
Cocción – 60 minutos

Bizcocho de jengibre

Nuestro clásico de jengibre es famoso y nunca hemos variado la receta. El principal consejo es darle una cocción larga y lenta, cuanto más larga, mejor. Lo suyo sería cocerlo en el estante inferior de una cocina rústica como las tradicionales Aga británicas. Es importante activar el bicarbonato sódico con la leche caliente para la mezcla. Será crucial para que suba la masa.

375 g (1 ½ tazas) de leche entera
165 g (5 ½ oz/½ taza escasa) de azúcar moreno blando oscuro
1 cucharadita de bicarbonato sódico
150 g (5 oz) de mantequilla sin sal, en dados, y un poco más para engrasar
85 g (3 oz/3 cucharadas) de melaza oscura
165 g (5 ½ oz/½ taza escasa) de jarabe de azúcar invertido
300 g (10 ½ oz/2 tazas generosas) de harina leudante
2 cucharadas de jengibre molido
1 cucharadita de canela molida
1 cucharadita de especias para recetas dulces
65 g (2 ½ oz) de raíz de jengibre en conserva, troceada
80 g (5 cucharadas) de almíbar del tarro de raíz de jengibre
1 huevo, batido

Vierte la leche en un cazo grande de base gruesa, añade el azúcar y deja que se disuelva a fuego medio, removiendo con frecuencia. Una vez disuelto el azúcar, sube el fuego para aumentar la temperatura de la leche (sin que hierva: justo cuando haga burbujitas en los márgenes y empiece a humear), luego retira el cazo del fuego y añade el bicarbonato, con cuidado porque provocará efervescencia. Reserva 10 minutos.

Pon la mantequilla, la melaza y el azúcar invertido en un cazo mediano a fuego medio y caliéntalo hasta el punto de ebullición. Los ingredientes se habrán derretido y convertido en un sirope espeso.

Tamiza la harina y las especias molidas en un bol grande. Añade la mezcla de sirope a la harina en 2-3 veces y bate la masa. Es una mezcla seca, de modo que el sirope irá facilitando la tarea. Poco a poco, incorpora la leche mientras bates. Finalmente, añade los trozos de jengibre, el almíbar y el huevo, y remueve bien.

Cubre el bol y deja reposar a temperatura ambiente 2 horas. Así se activará el bicarbonato sódico.

Precalienta el horno a 140 °C con ventilador (325 °F/gas 3). Engrasa un molde desmontable de 26 cm (10 in) o uno de 30 × 20 cm (12 × 8 in) y forra la base y los lados con papel vegetal.

Remueve la masa y viértela en el molde.

Hornea alrededor de 1 hora hasta que se note firme al tacto.

3 ½ horas
8-12 raciones

Preparación - 30 minutos
Reposo - 2 horas
Cocción - 1 hora

Pastel de zanahoria

Esta será tu receta de pastel de zanahoria favorita. Sale húmedo y con miga suelta, y la cobertura de queso no es demasiado dulce, de modo que los sabores están perfectamente equilibrados. Es uno de los productos estrella de Bread Ahead y siempre se termina.

200 g (1 taza escasa) de aceite de girasol, y un poco más para untar
200 g (7 oz/1 taza generosa) de azúcar moreno blando claro
3 huevos
200 g (7 oz) de zanahorias, ralladas
80 g (3 oz/⅔ de taza) de nueces peladas y troceadas
200 g (7 oz/ 1 ⅔ tazas) de harina blanca
¾ de cucharadita de bicarbonato sódico
¾ de cucharadita de levadura en polvo
¾ de cucharadita de canela molida
¾ de cucharadas de jengibre molido
¾ de cucharadita de sal
½ de cucharadita de extracto de vainilla

Para la cobertura

50 g (2 oz) de mantequilla sin sal, a temperatura ambiente
125 g (4 oz/½ taza) de queso para untar, a temperatura ambiente
150 g (5 oz/1 ¼ tazas) de azúcar glas, tamizado
unas gotas de zumo de limón

Para decorar

50 g (2 oz) de nueces peladas, unas troceadas y otras enteras
canela molida

Precalienta el horno a 160 °C con ventilador (350 °F/gas 4). Engrasa y forra un molde metálico de 900 g (2 lb) o uno de 30 × 20 cm (12 × 8 in).

Añade el azúcar y los huevos a un bol grande y bate vigorosamente hasta que adquieran un tono más claro y una textura espumosa. Incorpora el aceite poco a poco, batiendo sin cesar. Añádelo muy lentamente. Bate 2 minutos más hasta que la mezcla sea cremosa y suave, luego añade la zanahoria y las nueces y remueve.

Tamiza la harina, el bicarbonato, la levadura, la canela, el jengibre y la sal en otro bol y mézclalo todo.

Añade los ingredientes secos a la mezcla húmeda junto con el extracto de vainilla, y remueve con cuidado.

Vierte la mezcla en el molde y allánala con una espátula. Hornea durante 45-50 minutos o hasta que se dore y el bizcocho recupere la forma al presionarlo. (Si usas molde metálico, puede tardar algo más: el bizcocho debe dorarse, subir y empezar a separarse de las paredes del molde.)

Mientras, prepara la cobertura. En un bol grande, bate la mantequilla hasta que quede cremosa. A continuación, añade el queso, el azúcar tamizado y unas gotas de zumo de limón para darle sabor. Bate hasta obtener una crema suave. Puedes refrigerar la crema hasta el momento de cubrir el pastel.

Deja que el bizcocho se empiece a enfriar en el molde antes de colocarlo sobre una rejilla.

Cuando esté frío, extiende por encima a mano o con manga pastelera la cobertura de queso. Decora con las nueces y un poco de canela molida.

40 minutos
8-12 raciones

Preparación – 15 minutos
Cocción – 45-50 minutos

Pasteles

Bizcocho de plátano

Es una fantástica manera de aprovechar los plátanos muy maduros. Dejamos trocitos de plátano para que se noten al comer el bizcocho. Una de las claves para el éxito de esta receta consiste en utilizar plátanos muy maduros. Si no, no tendrá tanto sabor.

210 g (1 taza escasa) de aceite vegetal, y un poco más para untar
210 g (7 oz/1 taza generosa) de azúcar moreno blando claro
2 huevos
1 cucharadita de extracto de vainilla
235 g (8 ½ oz/1 ¾ tazas generosas) de harina blanca
una pizca de sal marina fina
1 cucharadita de bicarbonato sódico
1 cucharadita de levadura en polvo
1 cucharadita de canela molida
½ cucharadita de jengibre molido
2 plátanos medianos muy maduros (235 g/8 oz), en rodajas de 5 mm (¼ in)
azúcar demerara (opcional)

Precalienta el horno a 170 °C con ventilador (375 °F/gas 5). Engrasa y forra con papel vegetal un molde metálico de 900 g (2 lb). Este bizcocho tiende a pegarse incluso al papel sulfurizado. Recomiendo untarlo con un poco de aceite para reforzar su poder antiadherente.

Añade el azúcar, los huevos y la vainilla a un bol grande y bate vigorosamente hasta que adquieran un tono más claro y una textura espumosa. Incorpora el aceite poco a poco, batiendo sin cesar. Añádelo muy lentamente. Bate un par de minutos más para obtener una pasta bien cremosa.

En otro bol, tamiza los ingredientes secos y luego añádelos a la mezcla húmeda junto con el plátano troceado. Mezcla brevemente hasta que desaparezcan los rastros de harina.

Vierte la masa en el molde. Antes de hornearlo, puedes espolvorear azúcar demerara por encima si deseas un toque crujiente.

Hornea durante 1 hora 10 minutos hasta que se dore.

Déjalo enfriar, córtalo y ¡a disfrutar!

1 hora 25 minutos
6-8 raciones

Preparación - 15 minutos
Cocción - 1 hora 10 minutos

Brazo de gitano

Esta receta entraña cierta dificultad. Hay que batir muy bien los huevos antes de incorporar la harina. También es importante no cocerlo demasiado para que quede jugoso y sea fácil de enrollar. Como es habitual en repostería, con mermelada casera siempre se obtiene el mejor resultado.

aceite vegetal o de girasol, para engrasar
4 huevos
120 g (4 oz/½ taza generosa) de azúcar extrafino, y un poco más para decorar
1 cucharadita de extracto de vainilla
80 g (3 oz/⅔ de taza) de harina leudante

Para el relleno

200 g (1 taza) de nata para montar
1 cucharadita de extracto de vainilla
mermelada al gusto (véase la página 270 para una receta casera)
200 g (7 oz) de frambuesas (opcional)

Precalienta el horno a 170 °C con ventilador (375 °F/gas 5). Forra una bandeja de 23 × 30 cm (9 × 13 in) con papel vegetal y engrásala con aceite.

En un bol, o un robot con el accesorio batidor, bate los huevos con el azúcar y la vainilla hasta que espese, quede esponjosa y adquiera un tono muy pálido. Tamiza la harina e incorpórala con cuidado para que no escape el aire que ha adquirido la masa.

Vierte la masa en el molde y allánala con una espátula para extenderla bien.

Hornea alrededor de 10-12 minutos o hasta que se note firme al tacto.

Dispón una hoja de papel vegetal, o un trapo limpio, algo más grande que la bandeja, sobre la superficie de trabajo y espolvorea con azúcar. Vuelca el bizcocho sobre el papel o trapo y retira el papel vegetal pegado a su base. Aún en caliente, empieza a enrollarlo desde un lado corto, dejando el papel o trapo en el interior. Acaba de enrollar todo el bizcocho. Reserva y deja enfriar por completo.

Mientras, prepara el relleno. En un bol grande, monta la nata con el extracto de vainilla hasta que se formen picos blandos.

Una vez frío el bizcocho, desenróllalo con cuidado. Extiende la nata por encima y luego añade la mermelada con una manga pastelera o cuchara formando líneas. Esparce las frambuesas por encima, si las usas.

Desde el lado más largo del bizcocho, ayudándote del papel vegetal o trapo, enróllalo prieto, cerciorándote de que el relleno queda en el interior. Espolvorea el brazo de gitano con azúcar y sírvelo en rodajas.

1 hora
6-8 raciones

Preparación – 10 minutos
Cocción – 10-12 minutos
Enfriamiento – 30 minutos
Montaje – 5 minutos

Tarta Selva Negra

He aquí un postre algo cursi y muy *kitsch*, pero más que delicioso. Este clásico retro merece un lugar entre los elegidos y, aunque cuesta encontrar una versión buena de verdad, en realidad es muy sencillo. Es aconsejable preparar la compota de cerezas el día antes. Le añadimos kirsch como ingrediente opcional, pero lo típico es que lleve este licor. Visualmente, es asombroso.

aceite vegetal o de girasol, para engrasar
6 huevos
175 g (6 oz/¾ de taza) de azúcar extrafino
120 g (4 oz/1 taza) de harina leudante
60 g (2 oz/½ taza) de cacao en polvo

Para decorar

1 porción de compota de cerezas (véase la página 274), con 50 ml (3 cucharadas) de kirsch, al gusto

Para la nata montada

250 g (1 ¼ tazas) de nata para montar
60 g (2 oz/¼ de taza) de azúcar extrafino

Consejo

Es preciso hornear el bizcocho inmediatamente, ya que pierde volumen enseguida.

Precalienta el horno a 180 °C con ventilador (400 °F/gas 6). Engrasa y enharina dos moldes de 23 × 33 cm (9 × 13 in).

En un bol grande (o en el vaso del robot, con el accesorio batidor), usa las varillas eléctricas para batir los huevos con el azúcar hasta que espesen y queden espumosos (unos 12 minutos a velocidad alta). La mezcla debe haber cuadruplicado su volumen.

Tamiza la harina con el cacao y, con cuidado, incorpóralos a la mezcla, procurando no vaciarla de aire.

Vierte la masa en los moldes y extiéndela bien hasta las esquinas.

Hornea durante 15 minutos hasta que se note mullido.

Retira del horno y deja enfriar por completo.

Si no está lista, prepara la compota de cerezas según las instrucciones de la página 274, y añade kirsch al gusto.

Monta la nata con el azúcar. Rellena una manga pastelera con la nata y refrigérala.

Corta los bizcochos por la mitad para disponer de cuatro rectángulos iguales.

Reparte 2 cucharadas de la compota sobre la primera capa de bizcocho (resulta más fácil cuando la compota aún está algo líquida), luego extiende una cuarta parte de la nata encima. Repite con las dos capas de bizcocho siguientes y dispón el último rectángulo encima. Ahora, forma rosetones con la nata alrededor del margen y llena el centro con el resto de compota.

---

1 hora 10 minutos
8 raciones

Preparación - 15 minutos
Cocción - 15 minutos

Enfriamiento - 30 minutos
Montaje - 10 minutos

Cassata siciliana

Se trata de un postre poco usual pero riquísimo. El bizcocho es ligero y esponjoso, el requesón es graso y cremoso, y los sabores de cítricos y chocolate acarician el paladar. También me gusta porque no es excesivamente dulce, pero cumple con todo lo que se puede pedir. Es más fácil montar el pastel si se prepara el bizcocho el día anterior.

Para el bizcocho

aceite vegetal, para engrasar
6 huevos
180 g (6 oz/¾ de taza generosa) de azúcar extrafino
1 ½ cucharaditas de extracto de vainilla
120 g (4 oz/¾ de taza generosa) de harina leudante

Para el relleno

500 g (1 lb 2 oz/2 ¼ tazas) de requesón
150 g (5 oz/⅔ de taza) de azúcar extrafino
150 g (5 oz/1 taza escasa) de pepitas de chocolate negro
150 g (5 oz/1 taza escasa) de frutas confitadas picadas (véase la página 273)

Para terminar

azúcar glas, para decorar
175 g (6 oz) de mazapán (puedes teñirlo con unas gotas de colorante alimentario verde)
frutas confitadas (véase la página 273), para decorar

Paso 1

Empieza con el bizcocho. Precalienta el horno a 180 °C con ventilador (400 °F/gas 6). Engrasa con aceite y forra dos moldes redondos desmontables de 22 cm (9 in) con papel vegetal.

En un bol, o un robot con el accesorio batidor, bate los huevos con el azúcar y la vainilla hasta que espesen, queden esponjosos y adquieran un tono muy pálido. Tamiza la harina e incorpórala con cuidado para que no escape el aire que ha adquirido la masa.

Vierte la masa en los moldes y allánala con una espátula para extenderla bien. Hornea alrededor de 12-16 minutos o hasta que se noten firmes al tacto.

Retira los bizcochos del horno y deja que se enfríen antes de desmoldarlos.

Para el relleno, deja el requesón en un colador de malla fina durante 10 minutos para escurrirlo.

Añade el requesón escurrido a un bol con el azúcar y bátelos juntos. Añade las pepitas de chocolate y la fruta confitada y mézclalo todo bien. Si vas a montar el pastel el día siguiente, conserva el relleno en el frigorífico. Será más fácil montarlo si todos los componentes están fríos.

Paso 2

Forra el interior de uno de los moldes con papel film o una capa de azúcar glas para que el mazapán no se pegue.

Con el rodillo, extiende el mazapán hasta que tenga 4 mm (¼ in) de grosor y córtalo en forma de cinta ancha para forrar el interior del molde de modo que una parte sobrante asome por encima del borde. Con cuidado, forra el molde.

---

3 horas (o 2 días)
10 raciones

Paso 1
Preparación – 25 minutos
Cocción – 10-12 minutos
Refrigeración – 1 hora o toda la noche (opcional)

Paso 2
Montaje – 15 minutos
Refrigeración – 1 hora

Coloca una de las capas de bizcocho en el molde del mazapán (tal vez debas recortar los márgenes para que encaje). Extiende el relleno de requesón sobre el bizcocho y cubre con la segunda capa de bizcocho. Recorta el mazapán sobrante para que quede a la altura del bizcocho, o dóblalo con cuidado sobre el mismo. Cubre y deja reposar en el frigorífico al menos 1 hora.

Cuando vayas a servirlo, saca el pastel del frigorífico, desmóldalo, espolvoréalo con azúcar glas y decora con más fruta confitada.

Pastel Simnel

Es típico solo de la Pascua inglesa; aun así, en Bread Ahead queremos rendir homenaje a esta tradición repostera. Al estar ubicados a pocos metros de la catedral de Southwark, procuramos hacernos eco de las tradiciones reposteras unidas a festividades religiosas. También es bonito aprovechar la excusa para refrescar la historia de estos pasteles.

1 pastel de fruta (véase el pastel de fruta navideño de la página 256)
250 g (9 oz) de mazapán (véase la página 254 o cómprese hecho)
azúcar glas, para decorar
mermelada (receta casera en la página 270)

Prepara el pastel según las instrucciones de las páginas 256-257.

Para decorarlo, divide el mazapán en dos partes iguales.

Espolvorea azúcar glas sobre la superficie de trabajo y con el rodillo forma un círculo de mazapán algo mayor que el pastel. Coloca el molde sobre el mazapán para guiarte y recórtalo siguiendo la forma del molde. Esto le otorgará un aspecto especial.

Extiende un poco de mermelada sobre el pastel (así se fijará el mazapán) y, con cuidado, dispón el disco de mazapán encima.

Divide el resto del mazapán en 11 partes iguales. Con las manos, forma 11 bolas. Reparte las bolas de mazapán sobre el pastel (puedes añadir un poco de mermelada bajo cada bola para que se pegue).

Para un acabado tradicional, quema ligeramente el mazapán con un soplete o colócalo unos minutos bajo el grill, ¡vigilándolo!

2 días
12 raciones

Día 1
Preparación - 5 minutos
Remojo - toda la noche

Día 2
Preparación - 20 minutos
Cocción - 1 hora 30-40 minutos
Enfriamiento - 2 horas
Decoración - 10 minutos

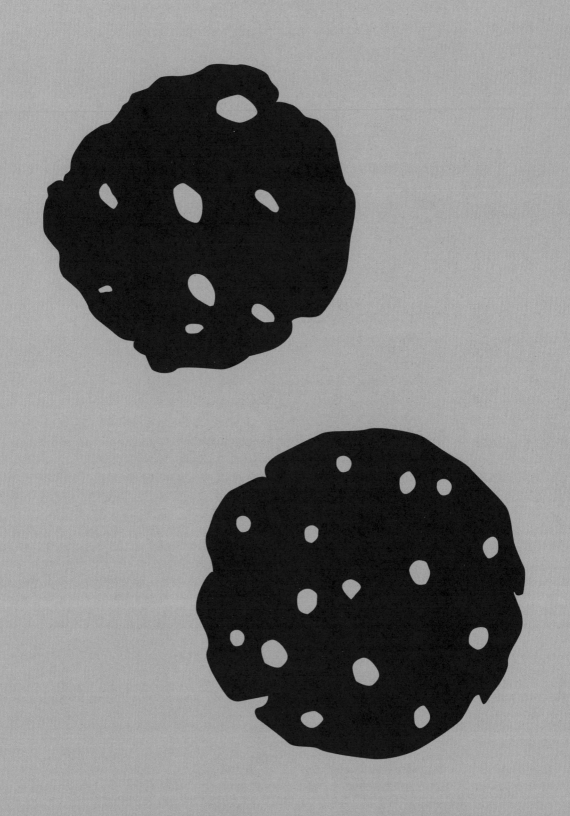

siete

Galletas

Galletas de chocolate

Una de las ventajas de esta estupenda receta familiar es que las galletas están listas en muy poco tiempo. Se preparan desde cero en 30 minutos. Es ideal tomarlas calientes, por eso es buena idea conservar la pasta en el frigorífico y hornearlas a medida que vayan a consumirse. Cuécelas siempre lo justo para que sigan jugosas por dentro.

75 g (2 ½ oz) de mantequilla sin sal, ablandada
45 g (1 ¾ oz/¼ de taza escasa) de azúcar extrafino
90 g (3 ¼ oz/½ taza escasa) de azúcar moreno blando claro
1 huevo, batido
175 g (6 oz/1 ½ tazas escasas) de harina blanca
3 g (1 cucharadita) de levadura en polvo
3 g (1 cucharadita) de bicarbonato sódico
1 g (⅛ de cucharadita) de sal marina fina
150 g (5 oz/1 taza escasa) de pepitas de chocolate
sal marina en escamas (opcional)

Precalienta el horno a 180 °C con ventilador (400 °F/gas 6) y forra una bandeja de horno con papel vegetal.

En un bol grande, bate la mantequilla con los azúcares hasta que quede esponjosa y de color casi blanco. Es un paso esencial para conseguir unas galletas de textura suave.

Añade el huevo poco a poco y sigue batiendo hasta incorporarlo bien.

En otro bol, tamiza la harina, la levadura, el bicarbonato y la sal.

Añade los ingredientes secos a la mantequilla junto con las pepitas de chocolate y remueve hasta apenas mezclarlo todo. Remover en exceso no solo es innecesario, sino que puede endurecer la masa.

Divide la masa en seis partes, de unos 100 g (3 ½ oz) cada una, y forma bolas. Dispón las bolas sobre la bandeja, dejando espacio entre ellas porque van a ocuparlo. Presiona cada bola para aplastarla ligeramente. Mójate el dedo en agua y, con cuidado, marca la masa. Añade unas escamas de sal marina, si lo deseas.

Hornea las galletas 12 minutos para que queden tiernas por dentro.

30 minutos
Salen 6 galletas grandes

Preparación – 15 minutos
Cocción – 12 minutos

Consejo

Puedes guardar la masa de galleta en un recipiente hermético en el frigorífico durante una semana e ir horneando galletas a demanda. No hay nada mejor que una galleta recién salida del horno.

Galletas de chocolate y plátano

Hicieron falta unos 20 intentos para perfeccionar esta receta. La clave consiste en empezar batiendo bien la mantequilla con el azúcar. Son unas galletas sensacionales. El chocolate con leche es dulce, pero combina bien con la cremosidad del plátano.

75 g (2 ½ oz) de mantequilla sin sal, ablandada
125 g (4 oz/½ taza generosa) de azúcar extrafino
1 huevo, batido
225 g (8 oz/1 ¾ tazas) de harina blanca
3 g (1 cucharadita) de levadura en polvo
3 g (1 cucharadita) de bicarbonato sódico
2 g (¼ de cucharadita) de sal marina fina
175 g (6 oz/1 taza) de pepitas de chocolate con leche
1 plátano, troceado

Precalienta el horno a 180 °C con ventilador (400 °F/gas 6) y forra una bandeja de horno con papel vegetal.

En un bol grande, bate la mantequilla con el azúcar hasta que quede esponjosa y de color casi blanco. Es un paso esencial para conseguir unas galletas de textura suave.

Añade el huevo poco a poco y sigue batiendo hasta incorporarlo bien.

En otro bol, tamiza la harina, la levadura, el bicarbonato y la sal. Añade los ingredientes secos a la mantequilla junto con las pepitas de chocolate y remueve hasta apenas mezclarlo todo.

Finalmente, agrega el plátano. No remuevas en exceso, solo mezcla lo justo.

Divide la masa en seis partes, de unos 100 g (3 ½ oz) cada una, y forma bolas.

Dispón las bolas sobre la bandeja, dejando espacio entre ellas porque van a ocuparlo. Presiona cada bola para aplastarla ligeramente.

Hornea las galletas 12 minutos para que queden tiernas por dentro.

30 minutos
Salen 6 galletas grandes

Preparación – 15 minutos
Cocción – 12 minutos

Galletas de choco y avellanas/choco blanco y arándanos rojos

Esta receta es tan versátil que se puede hacer con lo que uno desee. Estas son dos de nuestras variedades favoritas. El chocolate con avellanas es una combinación clásica, pero no debe darte apuro cambiar las avellanas por nueces, pecanas o de Macadamia. Otra opción perfecta es emparejar la acidez de los arándanos rojos con la cremosidad del chocolate blanco.

75 g (2 ½ oz) de mantequilla sin sal, ablandada
135 g (4 ½ oz/⅔ de taza) de azúcar extrafino
1 huevo, batido
225 g (8 oz/1 ¾ tazas) de harina blanca
3 g (1 cucharadita) de levadura en polvo
3 g (1 cucharadita) de bicarbonato sódico
1 g (⅛ de cucharadita) de sal marina fina

Para las galletas de choco y avellanas

175 g (6 oz/1 taza) de trozos de chocolate con leche
75 g (2 ½ oz/⅔ de taza escasa) de avellanas, troceadas

Para las galletas de choco blanco y arándanos rojos

175 g (6 oz/1 taza) de pepitas de chocolate blanco
75 g (2 ½ oz/⅔ de taza escasa) de arándanos rojos secos, troceados

Precalienta el horno a 180 °C con ventilador (400 °F/gas 6) y forra una bandeja de horno con papel vegetal.

En un bol grande, bate la mantequilla con el azúcar hasta que quede esponjosa y de color casi blanco. Es un paso esencial para conseguir unas galletas de textura suave.

Añade el huevo poco a poco y sigue batiendo hasta incorporarlo bien.

En otro bol, tamiza la harina, la levadura, el bicarbonato y la sal. Añade los ingredientes secos a la mantequilla y remueve hasta apenas mezclarlo todo. La mezcla parece algo seca al principio, pero sigue trabajándola con la cuchara y se irá suavizando en un par de minutos.

Finalmente, incorpora los ingredientes elegidos. No remuevas en exceso, solo mezcla lo justo. Quizás ahora te resulte más fácil trabajar la masa con las manos.

Divide la masa en seis partes, de unos 120 g (4 oz) cada una, y forma bolas.

Dispón las bolas sobre la bandeja, dejando espacio entre ellas porque van a ocuparlo. Presiona cada bola para aplastarla ligeramente.

Hornea las galletas 12 minutos para que queden tiernas por dentro.

30 minutos
Salen 6 galletas grandes

Preparación – 15 minutos
Cocción – 12 minutos

Palets bretons (galletas saladas de mantequilla)

Esta especialidad francesa es singular. Vale la pena utilizar una mantequilla de muy buena calidad porque marcará la diferencia. Puedes conservar la masa en el frigorífico o congelarla e ir sacándola a medida que sea necesario. Son unas galletas ideales para acompañar con un café cargado.

2 yemas de huevo
90 g (3 ¼ oz/⅓ de taza generoso) de azúcar extrafino
140 g (4 ½ oz) de mantequilla sin sal, ablandada
155 g (5 oz/1 ¼ tazas) de harina blanca
5 g (1 cucharadita escasa) de sal marina fina
5 g (1 ½ cucharaditas) de levadura en polvo

En un bol grande, bate las yemas con el azúcar hasta que este se disuelva. Añade la mantequilla y bate con una cuchara de madera hasta obtener una mezcla ligera y esponjosa de tono más pálido.

En otro bol, tamiza la harina con la sal y la levadura.

Añade los ingredientes secos a la mantequilla y remueve durante 2 minutos para obtener una masa suave y homogénea. No debe quedar rastro de la harina en la masa.

Saca la masa del bol y recógela en forma de cilindro. Envuélvela en papel vegetal y refrigérala durante 1 hora.

Precalienta el horno a 170 °C con ventilador (375 °F/gas 5).

Saca la masa del frigorífico y córtala en nueve rodajas, cada una de unos 50 g (2 oz). Dispón cada rodaja en un agujero de un molde para magdalenas. Cocerlas en molde les otorga su auténtico carácter crujiente.

Hornea durante 20 minutos hasta que se doren.

Déjalas enfriar sobre una rejilla.

1 ½ horas
Salen 9 galletas

Preparación – 10 minutos
Refrigeración – 1 hora
Cocción – 20 minutos

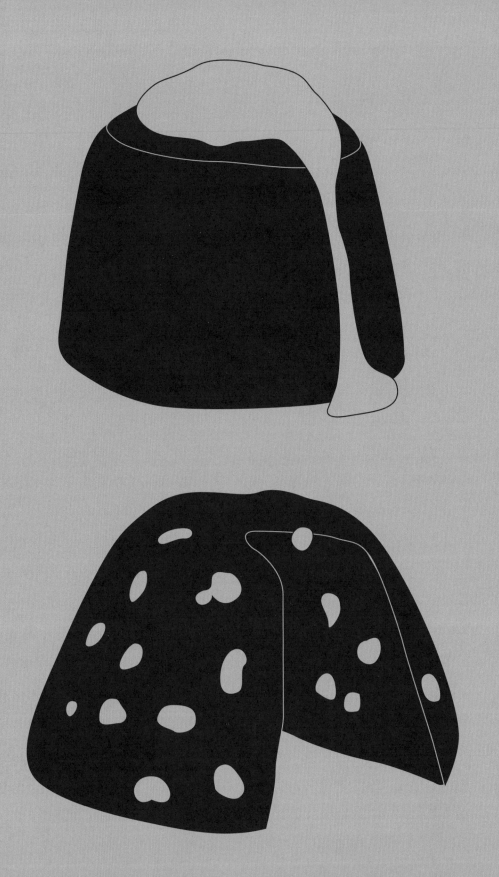

ocho

Postres

Crumble de manzana

El truco para que este postre salga bien es conseguir una miga para la capa superior gruesa y rica. Hemos utilizado una mezcla de manzanas para conseguir acidez y textura para la base. Si es temporada, unas moras o uvas espinas son deliciosas para añadir un poco más de sabor. Me gusta cocer bien el crumble para que casi se caramelicen un poco los bordes del molde.

2 manzanas de mesa (las Granny Smith son ideales)
2 manzanas Bramley
100 g (3 ½ oz/½ taza escasa) de azúcar demerara, o al gusto
1-2 clavos de olor
1 cucharadita de canela molida

Para la capa superior

150 g (5 oz/1 ¼ tazas) de harina blanca
80 g (3 oz/⅓ de taza) de azúcar extrafino
150 g (5 oz) de mantequilla sin sal, ablandada
100 g (3 ½ oz/1 taza) de almendras molidas

Precalienta el horno a 160 °C con ventilador (350 °F/gas 4).

Pela las manzanas, descorazónalas y córtalas en trozos de 1 cm (½ in). Añádelas a una fuente para el horno y mézclalas con el azúcar y las especias.

Añade los ingredientes de la capa superior (crumble) a un bol. Con los dedos, frota la mantequilla con los ingredientes secos hasta que conseguir una textura arenosa. No es necesario que la textura sea fina y homogénea: será muy agradable encontrar tropezones.

Echa la mezcla del crumble sobre las manzanas.

Hornea durante 30-35 minutos hasta que el crumble se dore y burbujee.

Deja templar el crumble unos minutos antes de servirlo, si es posible, con una crema inglesa casera.

45-50 minutos
6 raciones

Preparación - 15 minutos
Cocción - 30-35 minutos

Pudin Spotted Dick

Mi madre siempre preparaba este postre. Es un clásico británico, humilde pero riquísimo. Personalmente, me gusta espolvorearlo con azúcar glas y bañarlo con crema inglesa o nata líquida.

240 g (8 ½ oz/2 tazas escasas) de harina leudante
una pizca de sal
120 g (4 oz/1 taza) de manteca de cerdo rallada (o manteca vegetal congelada rallada)
70 g (2 ½ oz/¼ de taza escaso) de azúcar extrafino, y un poco más para servir
150 g (5 oz/1 ¼ tazas) de pasas o grosellas
un poco de nuez moscada rallada, y un poco más para servir
una pizca de ralladura fina de limón
una pizca de ralladura fina de naranja
175 g (¾ de taza) de leche entera
mantequilla sin sal, para engrasar

Añade la harina, la sal, la manteca, el azúcar, las pasas o las grosellas, la nuez moscada y las ralladuras de cítricos a un bol grande y remueve. Practica un hueco en el centro y vierte la leche en él, luego combina la mezcla para formar una pasta pegajosa.

Para cocer en un molde de flan, engrasa una flanera de 450 g (1 lb) con abundante mantequilla y vierte la masa en su interior, presionando suavemente con el dorso de una cuchara. Cubre con un cuadrado pequeño de papel vegetal y un trozo de papel de aluminio cuadrado grande encima, presionando los márgenes del aluminio para sellar la flanera.

Dispón el pudin dentro de una olla grande con tapa. Llena la olla con tres cuartas partes de agua. Cuece al vapor a fuego medio durante 1 ½ horas. Es posible que debas ir añadiendo agua.

Otra opción, si tu horno dispone de función con vapor, es precalentarlo a 160 ºC (325 ºF) y cocer el pudin 1 hora 20 minutos.

Con cuidado, retira el pudin de la olla y déjalo enfriar unos minutos antes de retirar con mimo el papel de aluminio y vegetal. Debe presentar una atractiva corteza dorada y al introducir un cuchillo en el centro este debe salir limpio.

Corta en rebanadas y sirve el pudin con azúcar, nuez moscada y una buena ración de crema inglesa.

45 minutos
4-6 raciones (según la glotonería)

Preparación - 10 minutos
Cocción - 1 hora 20-30 minutos

Postres

Consejos

- Utiliza tus especias preferidas: la pimienta de Jamaica y la macis son buenas sustitutas del jengibre.
- También puedes triturar la fruta seca si deseas una consistencia más suave.
- Si el agua está muy caliente al añadir el bicarbonato, puede reaccionar y salpicar: ten otro cazo a mano o de entrada usa una olla bien grande para hervir el agua.

Pudin de tofe

Este bizcocho nació en el hotel Sharrow Bay de Cumbria, Inglaterra. Tengo la suerte de haber estado y haberlo comido allí hace muchos años. Esta es nuestra versión, ya que la receta original es un secreto bien guardado. A mí me gusta dejar trocitos grandes de orejones y dátiles. Se pueden añadir nueces, un extra bienvenido. Para servirlo, me encanta acompañarlo de una cucharada de nata muy espesa.

100 g (3 ½ oz) de mantequilla sin sal, a temperatura ambiente, y un poco más para engrasar
100 g (3 ½ oz) de dátiles
100 g (3 ½ oz) de orejones de albaricoque
150 g (5 oz/¾ de taza generosa) de azúcar moreno blando oscuro
2 huevos
175 g (¾ de taza) de agua
1 cucharadita de bicarbonato sódico
100 g (½ taza escasa) de leche entera
200 g (7 oz/1 ½ tazas) de harina leudante
1-2 cucharadas de jengibre molido (al gusto)

Para la salsa de tofe

200 g (7 oz/1 taza generosa) de azúcar moreno blando oscuro
100 g (3 ½ oz) de mantequilla sin sal
100 g (½ taza escasa) de nata para montar
50 g (2 oz/2 cucharadas) de melaza oscura

Precalienta el horno a 160 °C con ventilador (350 °F/gas 4). Engrasa 12 flaneras individuales o un molde metálico de 900 g (2 lb).

Remoja las frutas en agua para que se ablanden un poco y luego trocéalas. Si son muy secas, recomendamos cocerlas en un cazo con agua hasta que absorban un poco y se ablanden. Retíralas del fuego, déjalas enfriar y luego trocéalas.

En un bol, bate la mantequilla con el azúcar. Debe quedar una mezcla cremosa y pálida, semejante a un caramelo ligero. Añade los huevos a la mezcla de mantequilla y azúcar y remueve.

Añade el agua a un cacito y lleva a ebullición, luego retira del fuego y deja templar 20 segundos. Añade el bicarbonato al agua y remueve hasta que se disuelva, luego añádelo a la mezcla de mantequilla. Este proceso activa el bicarbonato para que haga subir el pudin. Combina bien el agua con la mantequilla, luego agrega la fruta y la leche. Mézclalo todo.

En otro bol, tamiza la harina con el jengibre, luego incorpóralos a la mezcla húmeda. Procura no mezclar demasiado: lo justo para que los ingredientes se combinen bien.

Vierte la masa en los moldes preparados. Si usas flaneras individuales, disponlas sobre una bandeja de horno. Hornea durante 20-25 minutos (dependerá del tamaño de los moldes).

Mientras, prepara la salsa de tofe. Añade todos los ingredientes a un cazo y remueve poco a poco a fuego medio hasta que se derritan, luego lleva a ebullición y déjalos cocer a fuego alto unos 3 minutos. Sigue removiendo la salsa para que no se pegue. Se formarán burbujas cuando esté lista.

Sirve los pudines con la salsa inmediatamente: es la perfección.

45 minutos
12 raciones

Preparación – 20 minutos
Cocción – 20-25 minutos

Rollo de mermelada

Esta receta me devuelve a mi época escolar. El rollo de mermelada ocupa un lugar en muchos corazones. Queda sensacional con mermelada de frambuesa, pero las de ciruela damascena, mora o uva espina resultan también deliciosas. A mí me gusta servirlo con azúcar glas por encima y junto a un poco de nata líquida o crema inglesa.

220 g (8 oz/1 ⅔ tazas) de harina leudante, y un poco más para espolvorear

110 g (3 ¾ oz/1 taza escasa) de manteca de cerdo rallada (o manteca vegetal congelada rallada)

1 cucharada de azúcar extrafino, y un poco más para espolvorear

una buena pizca de sal

150 g (⅔ de taza escasa) de leche entera o agua, a temperatura ambiente

150 g (½ taza) de mermelada al gusto (a nosotros nos gusta la de frambuesa; receta casera en la página 270)

Precalienta el horno a 180 °C con ventilador (400 °F/gas 6).

Añade la harina y la manteca a un bol grande y deshaz la manteca frotándola con la harina, con las manos o una rasqueta, hasta que quede bien integrada. Añade el azúcar y la sal y mezcla. Practica un hueco en el centro y vierte la leche o el agua en él, luego combina la mezcla para formar una pasta.

Pasa la pasta a una superficie enharinada y amásala, lo justo para compactarla. Con un rodillo, extiende la masa en forma de cuadrado de 30 cm (12 in) y 5 mm (¼ in) de grosor, espolvoreando con harina para que la masa no se pegue.

Esparce la mermelada sobre la superficie, dejando un margen de 1-2 cm (½-¾ in) alrededor. Ahora, enrolla la masa como si fuera un brazo de gitano.

Corta una hoja de papel vegetal y una de papel de aluminio, de unos 30 × 40 cm (12 × 16 in), y dispón el papel vegetal sobre el de aluminio.

Coloca el rollo de masa, con la unión debajo, en el centro del papel vegetal. Con cuidado pero con firmeza, enrolla el papel para obtener un cilindro envuelto. Repite con el aluminio, enrollando papel vegetal y masa. Retuerce los extremos como si fuera el envoltorio de un caramelo.

Pon una bandeja en la parte inferior del horno y, con cuidado, llénala de agua hasta la mitad. Coloca el paquete con la masa sobre una bandeja y ponla en el horno, a media altura. Cuece 35-40 minutos.

Con cuidado, sácalo del horno y retira el papel de aluminio y vegetal. El rollo de mermelada estará jugoso y bien cocido. Espolvorea una buena cantidad de azúcar glas por encima, córtalo y sírvelo con crema.

50-55 minutos
6 raciones

Preparación - 15 minutos
Cocción - 35-40 minutos

237

Postres

Pudin reina

Es tu oportunidad para lucirte con el uso de la manga pastelera. Me gusta que el merengue forme picos pronunciados que recuerden las puntas de una corona. Se trata de un postre opulento y refinado, preparado sin embargo con ingredientes humildes.

Para la crema

mantequilla sin sal, ablandada, para engrasar
550 g (2 ¼ tazas) de leche entera
ralladura de 1 limón
70 g (2 ½ oz/1 taza escasa) de pan rallado fresco
3 yemas de huevo
45 g (1 ¾ oz/¼ de taza escasa) de azúcar extrafino

Para el relleno

150 g (5 oz/½ taza escasa) de mermelada de frambuesa (receta casera en la página 270)
60 g (2 oz) de frambuesas frescas o congeladas

Para el merengue

3 claras de huevo
160 g (5 ½ oz/¾ de taza escasa) de azúcar extrafino

Precalienta el horno a 150 °C con ventilador (350 °F/gas 4). Engrasa una fuente apta para el horno o un molde de 25 cm (10 in) con mantequilla.

Para la crema, añade la leche y la ralladura de limón a un cazo y calienta a fuego medio hasta que esté a punto de hervir. Añade el pan rallado, remueve bien y retíralo del fuego.

En un bol grande, bate las yemas con el azúcar. Vierte encima la leche caliente y bátelo junto.

Vierte la crema en el molde preparado y hornéala 30 minutos o hasta que cuaje. Puede quedar algo suelta del centro. Deja templar.

Mientras, prepara el relleno. Añade la mermelada y las frambuesas a un cazo a fuego medio-alto y lleva a ebullición; luego baja el fuego. Removiendo de vez en cuando, deja que la mezcla espese, luego retírala del fuego y deja templar.

Mientras, prepara el merengue. Coloca un bol resistente al calor sobre un cazo con agua hirviendo (no dejes que la base del bol toque el agua). Añade las claras y la mitad del azúcar al bol y bate vigorosamente para que se formen picos. Retira del fuego, añade el resto del azúcar y sigue removiendo unos minutos hasta que el merengue quede lustroso y espeso. Llena con él una manga pastelera.

Precalienta el gratinador al máximo de potencia.

Dispón el relleno de frambuesa sobre la base cocida, luego con la manga o una cuchara, decora con el merengue. Es importante que las capas estén bien templadas, ya que no queremos que se derrita el merengue.

Pon el pudin bajo el gratinador durante 5-8 minutos hasta que el merengue se dore. No dejes de vigilarlo.

Deja que se enfríe antes de servir.

1 ½ horas
8 raciones

Preparación – 10 minutos
Cocción – 30 minutos
Enfriamiento – 30 minutos
Acabado – 20 minutos

ANATOMÍA DEL PUDIN REINA

«corona» de puntas de merengue

relleno contundente de mermelada casera

base de crema jugosa

241

Postres

Pudin de manzana

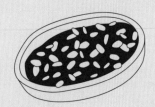

Este clásico otoñal es ideal para principiantes y se prepara en poco más de una hora. Es el colofón perfecto para un almuerzo de domingo, servido con crema inglesa.

100 g (3 ½ oz) de mantequilla sin sal, ablandada, y un poco más para engrasar
4-6 manzanas Bramley grandes (alrededor de 1 kg/2 lb 4 oz)
4 cucharadas de azúcar demerara, o al gusto
½ cucharadita de clavo molido (o tu especia preferida)
100 g (3 ½ oz/½ taza escasa) de azúcar extrafino
3 huevos
150 g (5 oz/1 ¼ tazas) de harina leudante
una pizca de sal
1-2 cucharadas de leche entera (opcional)

Para terminar

azúcar demerara (opcional)
almendras laminadas (opcional)

Precalienta el horno a 180 °C con ventilador (400 °F/gas 6). Engrasa generosamente con mantequilla una fuente apta para el horno (de 2-3 litros/8-12 tazas de capacidad).

Pela y corta las manzanas en dados de 1 cm (½ in). Añádelas a la fuente junto con el azúcar y el clavo (o la especia que hayas escogido) y remueve para recubrir las manzanas. Hornea durante 10 minutos hasta que se ablanden un poco.

Mientras, en un bol grande, o un robot con el accesorio de pala, bate la mantequilla con el azúcar hasta que quede esponjoso y adquiera un tono muy pálido. Añade 1 huevo y bate para incorporarlo, luego añade un tercio de la harina y la sal y sigue mezclando. Continúa alternando huevos y harina hasta haberlo incorporado todo y obtener una masa homogénea y algo espesa. Si es demasiado espesa, añade un poco de leche.

Extiende la masa sobre las manzanas, haciéndola llegar a las esquinas de la fuente y cubrir todas las manzanas. Espolvorea con azúcar demerara o almendras laminadas, si lo deseas.

Hornea durante 30-40 minutos hasta que se dore.

Retíralo del horno y deja templar antes de servir con crema.

1 hora-1 hora 10 minutos
6 raciones

Preparación - 20 minutos
Cocción - 40-50 minutos

Pudin de mermelada al vapor

No puedo evitar pensar en el oso Paddington al preparar este postre. La mermelada le aporta un punto amargo poco habitual porque resulta un postre no demasiado dulce. Me atrevo a decir que este es un pudin para adultos.

mantequilla, para engrasar
240 g (8 ½ oz/2 tazas escasas) de harina leudante
una pizca de sal
120 g (4 oz/1 taza) de manteca de cerdo rallada (o manteca vegetal congelada rallada)
70 g (2 ½ oz/⅓ de taza escasa) de azúcar extrafino
un poco de nuez moscada rallada, y un poco más para servir
ralladura fina de ½ limón
ralladura fina de ½ naranja pequeña
150 g (⅔ de taza escasa) de leche entera
2 cucharadas colmadas de mermelada (o confitura o compota al gusto) (el capítulo 10 ofrece versiones caseras)

Engrasa una flanera de 900 g (1 lb).

Mezcla la harina, la sal, la manteca, el azúcar, la nuez moscada y las ralladuras de cítricos en un bol grande y remueve. Practica un hueco en el centro y vierte la leche en él, luego combina la mezcla para formar una pasta.

Dispón la mermelada en la base de la flanera y vierte la pasta encima. Allana la superficie y cubre con un círculo de papel vegetal. Tapa la flanera con una capa de papel de aluminio para sellar el vapor en el interior durante la cocción.

Coloca la flanera dentro de una olla grande con tapa. Llena la olla con tres cuartas partes de agua. Cuece al vapor a fuego medio durante 1 hora 20 minutos. Es posible que debas ir añadiendo agua.

Con cuidado, retira el pudin de la olla y déjalo enfriar unos minutos antes de retirar con mimo el papel de aluminio y vegetal. Pon un plato sobre la flanera y, con cuidado, dale la vuelta. El pudin se desprenderá; si no, ayúdate pasando un cuchillo por los lados de la flanera.

Corta en rebanadas y sirve el pudin con nuez moscada y una buena ración de crema inglesa.

1 hora 15 minutos-2 horas
4-6 raciones

Preparación - 15 minutos
Cocción al vapor - 1-2 horas

Clafoutis de cerezas

El *clafoutis limousin* es originario de la región francesa de Auvernia, conocida por su producción de cerezas. Obtendrás el mejor resultado usando cerezas grandes y jugosas cuando sea temporada, pero con cerezas congeladas o arándanos y albaricoques frescos también queda genial. Lo ideal es servir el postre sacado del horno, aún hinchado alrededor.

mantequilla, para engrasar
3 huevos
100 g (3 ½ oz/½ taza escasa) de azúcar extrafino, o al gusto, y un poco más para espolvorear
60 g (2 oz/½ taza) de harina blanca
una pizca de sal
120 g (½ taza) de leche entera
120 g (½ taza) de nata para montar
1 cucharadita de extracto de almendra
ralladura de ½ naranja
280 g (10 oz/1 ½ tazas) de cerezas frescas (o congeladas), sin hueso
15 g (3 cucharadas) de almendras laminadas
azúcar glas, para decorar
nata bien espesa, para servir

Precalienta el horno a 180 °C con ventilador (400 °F/gas 6). Unta con mantequilla una fuente de horno de 1 litro (4 tazas).

Combina los huevos y el azúcar en un bol grande y bátelo bien. Añade la harina y la sal y mézclalo todo. Para terminar, agrega la leche, la nata, el extracto de almendra y la ralladura de naranja, y mezcla hasta conseguir una pasta homogénea sin grumos. Ahora, bate brevemente la pasta.

Viértela en la fuente, esparce las cerezas y las almendras laminadas por encima, y finalmente una capa de azúcar glas.

Hornea durante 24 minutos hasta que se dore. El clafoutis habrá subido y los bordes se verán tostados. Si se tuesta demasiado, retíralo del horno y cúbrelo con papel de aluminio antes de volver a meterlo en el horno para que se cocine bien.

Sácalo del horno y sirve inmediatamente, espolvoreado con azúcar y acompañado de nata espesa.

35 minutos
4-6 raciones

Preparación - 10 minutos
Cocción - 24 minutos

Crème caramel

Cada receta me remite a un momento de mi carrera. Este postre lo preparé por primera vez cuando trabajaba de repostero en Bibendum con Simon Hopkinson. La clave para que salga bien es dejar que el caramelo oscurezca mucho y así aporte un agradable sabor agridulce. Otro ingrediente adicional que funciona bien con la receta es un poco de ralladura de naranja hervida con la leche. Es crucial cocer las cremas a baja potencia.

Para la crema

1 vaina de vainilla
800 g (3 ¼ tazas) de leche entera
200 g (1 taza escasa) de nata para montar
3 huevos, más 3 yemas
150 g (5 oz/⅔ de taza) de azúcar extrafino

Para el caramelo

200 g (7 oz/1 taza escasa) de azúcar granulado o extrafino
100 g (½ taza escasa) de agua, más 3 cucharadas

Precalienta el horno a 120 °C con ventilador (275 °F/gas 1).

Para la crema, abre la vaina de vainilla a lo largo y rasca las semillas con el dorso de un cuchillo. Añade semillas y vaina junto con la leche y la nata a un cazo de base gruesa a fuego medio hasta que empiece a hervir. Retira del fuego.

En un bol grande, bate los huevos, las yemas y el azúcar hasta obtener una crema espumosa y pálida.

Dispón un colador sobre el bol y vierte la mezcla de leche para colar la vaina de vainilla. Cerciórate de que la leche no esté muy caliente para que no cuaje los huevos. Bate con cuidado hasta obtener una crema suave.

Para el caramelo, añade el azúcar y 100 g (½ taza escasa) de agua a un cazo grande de base gruesa. Lleva a ebullición y deja que la mezcla adquiera un color oscuro. No será necesario removerla.

Retírala del fuego y añade 3 cucharadas más de agua al cazo. Hazlo con tiento porque el caramelo podría borbotear y salpicar.

Devuelve el cazo al fuego y lleva de nuevo a ebullición, luego retíralo del calor. Así se consigue un caramelo espeso que se solidifica de maravilla.

Coloca seis moldes cerámicos bajos o uno grande (los de vidrio o metal también sirven) sobre una bandeja grande. Vierte el caramelo en los moldes y luego, poco a poco y con cuidado, llénalos con la crema cubriendo el caramelo. Mete la bandeja en el horno precalentado, luego llénala hasta 2 cm (¾ in) de agua.

Hornea durante 1 hora-1 hora 20 minutos (según el tamaño de los moldes). Cuando la crema esté lista, debe notarse aún cierto movimiento en el centro.

Retira del horno y deja enfriar 4 horas en el frigorífico.

Desmolda los flanes y devóralos, quizás con un poco de nata líquida.

Consejo

Acuérdate de conservar las vainas de vainilla en un tarro de azúcar para potenciar el sabor de tus recetas.

249 Postres

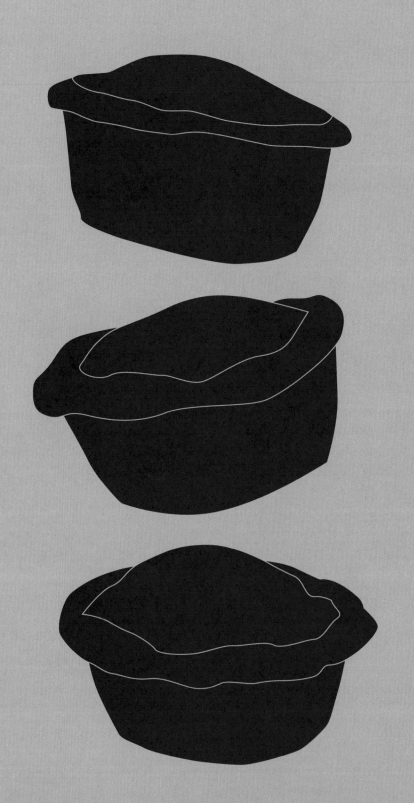

nueve

Dulces de Navidad

Tartaletas mince pie

Si nunca has probado una de estas hecha en casa y recién sacada del horno, no sabes lo que es la Navidad británica. Solo las preparo en Navidades y son un regalo para el paladar servidas calientes con nata espesa fría.

375 g (13 oz/2 ⅔ tazas) de harina blanca de fuerza (panificable) o blanca, y un poco más para espolvorear
150 g (5 oz/⅔ de taza) de azúcar extrafino
una pizca de sal marina fina
225 g (8 oz) de mantequilla sin sal fría, en dados, y un poco más para engrasar
1 huevo más 1 yema
1 tanda de relleno mincemeat de Bread Ahead (véase la página 281)
1 huevo, batido, para glasear
2 cucharadas de azúcar demerara

Añade la harina, el azúcar y la sal a un bol grande y mézclalo. Agrega la mantequilla y frótala entre los dedos. Debe estar bien fría para que no se derrita con la harina. Agita el bol de vez en cuando para que los grumos de mantequilla salgan y sigue frotando. Cuando consigas una consistencia similar a las migas de pan, añade el huevo y la yema y amasa para formar una pasta.

Vuelca la pasta sobre la superficie de trabajo y pliégala unas cuantas veces para que los ingredientes queden bien incorporados. Forma una bola con la masa y aplánala un poco. Envuelve el disco resultante en papel vegetal y refrigéralo durante 30 minutos.

Precalienta el horno a 160 °C con ventilador (350 °F/gas 4), y prepara con mantequilla y harina una bandeja para 12 magdalenas. Saca la pasta del frigorífico y deja que se temple.

Extiende la masa sobre una superficie enharinada hasta un grosor de 4-5 mm (¼ in). Acuérdate de ir girando el disco de pasta y espolvorear la superficie de trabajo para que no se pegue.

Para la base de las tartaletas, corta 12 círculos con un cortapastas de 10 cm (4 in), y para las tapas corta 12 círculos con uno de 7 cm (3 in), recuperando la forma de la pasta según sea necesario.

Forra los huecos del molde con los círculos grandes de pasta, dejando que sobresalgan. Rellénalos con unas 3 cucharadas colmadas de mincemeat y cúbrelos con los círculos pequeños. Pinta la superficie con huevo batido, luego ciérralos pellizcando los bordes sobrantes hacia la tapa. Espolvorea con azúcar demerara y practica un pequeño corte en cada tartaleta para dejar salir el vapor.

Hornea durante 40 minutos hasta que se doren.

Deja las tartaletas en la bandeja 5 minutos, luego sácalas con cuidado, ayudándote de un cuchillo. Colócalas sobre una rejilla, aunque lo mejor es tomarlas calentitas o recién horneadas.

Consejo

Puedes dejar que la masa suba en el frigorífico durante hasta 5 días. No obstante, debes sacarla 1 hora antes de manipularla para que se temple a temperatura ambiente. También se conserva en el congelador hasta 3 meses.

---

1 hora 40 minutos
Salen 12 tartaletas

Preparación – 10 minutos
Refrigeración – 30 minutos
Montaje – 15-20 minutos
Cocción – 40 minutos

Stollen

La forma de este pan dulce representa al Niño Jesús arrullado. Como amante del mazapán, no me puedo resistir a una rebanada de stollen. Esta receta es de enfoque clásico, pero al mismo tiempo lo bastante sencilla para conseguir un buen resultado en casa. Tapada, se conserva bien durante 2-3 semanas.

100 g (½ taza escasa) de leche tibia
15 g (3 cdtas.) de levadura fresca u 8 g (2 ¼ cdtas.) de levadura seca
35 g (1 ¼ oz) de huevo (⅔ de unidad)
ralladura de 1 limón
250 g (9 oz/2 tazas escasas) de harina blanca de fuerza (panificable)
30 g (1 oz/2 cucharadas) de azúcar extrafino
3 g (½ cdta.) de sal marina fina
50 g (2 oz) de mantequilla sin sal, ablandada y en dados
40 g (1 ½ oz/¼ de taza) de almendras enteras peladas
90 g (3 ¼ oz/¾ de taza) de pasas o grosellas
45 g (1 ¾ oz/¼ de taza) de fruta confitada
2 g (¾ de cdta.) de cardamomo molido
2 g (¾ de cdta.) de nuez moscada rallada
azúcar glas, para decorar

Para el mazapán

200 g (7 oz) de mazapán (comprado) o para hacerlo tú:
100 g (3 ½ oz/1 taza) de almendras molidas
100 g (3 ½ oz/1 taza escasa) de azúcar glas
ralladura de ½ naranja pequeña
1 clara de huevo
½ cucharadita de agua de rosas

Para el sirope del glaseado

100 g (3 ½ oz/½ taza escasa) de azúcar extrafino
80 g (5 cucharadas) de agua
1 cucharada de ron (opcional)

En un bol, mezcla la leche con la levadura, removiendo con la mano para que se disuelva. Añade el huevo y la ralladura de limón y bátelo.

En un bol grande, mezcla la harina, el azúcar y la sal. Añade la mantequilla y frótala entre los dedos hasta obtener una textura de migas. Practica un hueco en el centro, añade la leche con levadura y recógelo todo, con una rasqueta si es posible, para formar una masa.

Vuelca la masa sobre una superficie de trabajo. Deja el bol limpio. Amasa 4 minutos hasta que la masa no resulte tan pegajosa y la notes más suave y elástica. Dale forma de cuadrado a la masa, esparce las almendras, las pasas, la fruta y las especias sobre la superficie y dobla la masa sobre sí misma para que todo quede dentro. Sigue amasando con mimo para incorporar los frutos secos. Cuando estén bien distribuidos y la masa no sea pegajosa, devuélvela al bol. Cubre con un plato, gorro de ducha o trapo húmedo y deja fermentar a temperatura ambiente 1-2 horas o hasta que suba y se vea mullida.

Mientras, prepara el mazapán si lo haces tú para darle tiempo a enfriarse. Mezcla las almendras molidas con el azúcar y la ralladura de naranja en un bol grande. Añade la clara de huevo y el agua de rosas, y mezcla para obtener una pasta dura. Envuélvela en papel vegetal y refrigérala durante al menos 1 hora.

Precalienta el horno a 150 °C con ventilador (350 °F/gas 4). Forra una bandeja con papel vegetal.

Forma un rectángulo con la masa, de unos 20 × 24 cm (8 × 9 ½ in). Forma un cilindro con el mazapán, de 24 cm (9 ½ in) de largo. Ponlo en el centro de la masa y dóblala encima para taparlo, dejando un gran labio en un lado: es la forma típica del stollen. Presiona los bordes para encapsular bien el mazapán.

Pon el stollen en una bandeja forrada con papel vegetal, cubre y deja fermentar durante 30-40 minutos. Hornea el stollen durante 40 minutos.

Mientras, prepara el glaseado. Añade el azúcar, el agua y el ron, si usas, en un cacito y llévalo a ebullición. Cuece 2 minutos y retíralo del fuego.

Saca el stollen del horno y píntalo con abundante sirope para glasearlo. Deja reposar para que el stollen absorba el sirope al templarse. Una vez frío, espolvoréalo con azúcar glas para servir.

3-4 horas
12 raciones

Preparación - 25 minutos
Fermentación/Refrigeración - 1-2 horas

Cocción - 40 minutos
Enfriamiento - 1 hora

Pastel de fruta navideño

Creo que por fin hemos dado con la receta perfecta. Ha requerido años de práctica. La base es un fantástico pastel de fruta clásico que también empleamos para elaborar nuestro pastel Simnel (página 216) y lo preparamos con dos meses de antelación para que madure. Es importante remojar la fruta en el zumo durante al menos 24 horas para que quede jugosa. El tiempo de cocción es largo para que el resultado sea un pastel húmedo y denso.

Nosotros decoramos nuestro pastel navideño con todas las frutas y frutos secos que tengamos a mano. Está diseñado para ser la joya de la corona en la mesa de Navidad.

Para el pastel de fruta

- 200 g (7 oz/1 ½ tazas) de pasas
- 200 g (7 oz/1 ½ tazas) de pasas sultanas
- 200 g (7 oz/1 ⅓ tazas) de grosellas secas
- 200 g (7 oz/¾ de taza generosa) de ciruelas pasas, troceadas
- 100 g (3 ½ oz/½ taza) de cerezas secas
- 50 g (2 oz/¼ de taza) de fruta confitada
- 400 g (1 ½ taza) de zumo de naranja
- 125 g (½ taza) de aceite vegetal, y un poco más para engrasar
- 115 g (4 oz) de mantequilla sin sal, ablandada
- 150 g (5 oz/¾ de taza generosa) de azúcar moreno blando oscuro
- 200 g (7 oz/1 taza generosa) de azúcar moreno blando claro
- 30 g (1 oz/1 ½ cdas.) de melaza oscura
- 3 huevos grandes (180 g/6 ½ oz)
- 250 g (9 oz/2 tazas) de harina blanca
- 6 g (2 cucharaditas) de levadura en polvo
- 5 g (1 cucharadita escasa) de cada: sal, pimienta de Jamaica, canela molida y nuez moscada molida
- 10 g (1 ½ cucharadas) de especias para recetas dulces
- 300 g (10 ½ oz/3 tazas) de nueces

Día 1

Mezcla la fruta seca con el zumo de naranja en un bol grande. Cubre y deja en remojo toda la noche a temperatura ambiente.

Día 2

Precalienta el horno a 140 °C con ventilador (325 °F/gas 3). Engrasa y forra un molde de 23-24 cm (9-9 ½ in) con dos capas de papel vegetal.

Añade la mantequilla y los azúcares a un bol grande o al vaso del robot amasador y bate hasta obtener una crema espumosa de color caramelo claro. Agrega el aceite vegetal poco a poco, batiendo sin cesar, hasta conseguir una mezcla homogénea, luego incorpora la melaza. Añade los huevos, de uno en uno, batiendo bien antes de incorporar el siguiente. Añade la fruta remojada y remueve para que quede todo bien distribuido.

Tamiza los ingredientes secos en otro bol, luego añádelos a la mezcla húmeda junto con las nueces. Remueve pero sin trabajar demasiado la pasta, solo hasta que desaparezcan los rastros de harina y la fruta se reparta bien.

Vierte la pasta en el molde y allana la superficie con el dorso de una cuchara. Cubre el molde con papel de aluminio y hornéalo durante 1 hora; luego retira el aluminio, devuelve el pastel al horno y cuece 30-40 minutos más.

Deja templar en el molde. Cuando esté frío, retira el papel vegetal y envuélvelo con uno nuevo o con papel film transparente. Se conserva en un recipiente hermético (una lata de galletas es ideal, ya que el plástico puede humedecerse) durante 3 meses.

---

2 días
12 raciones

Día 1
Preparación - 5 minutos
Remojo - toda la noche

Día 2
Preparación - 20 minutos
Cocción - 1 hora 30-40 minutos
Enfriamiento - 2 horas
Decoración - 10 minutos

Dulces de Navidad

Para decorar

azúcar glas
125 g (4 oz) de mazapán (véase la página 254 o cómprese hecho)
mermelada (véase la página 270) o almíbar de fruta confitada (véase la página 273), para pintar
frutas confitadas (véase la página 273)
frutos secos, al gusto

Espolvorea azúcar glas sobre la superficie de trabajo y con el rodillo forma un círculo de mazapán algo mayor que el pastel. Coloca el molde sobre el mazapán para guiarte y recórtalo siguiendo la forma del molde. Esto le otorgará un aspecto especial.

Extiende un poco de mermelada o sirope sobre el pastel y, con cuidado, dispón el disco de mazapán encima.

Dispón la fruta confitada y los frutos secos por encima. Puedes hacerlo en filas, alternando fruta y frutos, o formando una única hilera de fruta e intercalar los frutos secos.

Termina con un baño de almíbar de fruta confitada o mermelada diluida con agua.

Tronco de Navidad

Es uno de los talleres de más éxito de la Escuela de Repostería Bread Ahead. Hay que prestar atención a unos cuantos puntos críticos, pero los resultados suelen ser excelentes. Es una solución perfecta como dulce navideño sin gluten. Recomendamos usar un robot de cocina para batir los huevos, es un paso clave y confiere esponjosidad al bizcocho.

Para el bizcocho

mantequilla sin sal, para engrasar
6 huevos, separadas las yemas de las claras
150 g (5 oz/⅔ de taza) de azúcar extrafino
50 g (2 oz/½ taza escasa) de cacao en polvo, y un poco más para decorar
1 cucharadita de extracto de vainilla (opcional)

Para la crema de mantequilla

175 g (6 oz) de chocolate negro, troceado
225 g (8 oz) de mantequilla sin sal, ablandada
250 g (9 oz/2 tazas) de azúcar glas
1 cucharadita de extracto de vainilla

Para terminar

2 cucharadas de azúcar glas o cacao en polvo

Precalienta el horno a 160 °C con ventilador (350 °F/gas 4). Forra una bandeja de 23 × 33 cm (9 × 13 in) con papel vegetal y úntalo con aceite.

En un bol grande, o el vaso del robot, bate las claras a punto de nieve. El bol debe estar limpio y seco, ya que los restos de humedad o grasa dificultan que las claras suban. Añade 50 g (2 oz/¼ de taza) de azúcar extrafino y sigue batiendo hasta que los picos se noten firmes.

En otro bol, bate las yemas con el resto del azúcar hasta que la mezcla quede lustrosa y consistente (punto de cinta). Si usas robot, vacía las claras montadas en otro bol, luego añade las yemas y el resto de azúcar al vaso del robot y bátelas.

Añade el cacao en polvo y la vainilla, si usas, a las yemas, y remueve con una cuchara de metal. Hazlo poco a poco para no sacarles aire. Entonces, con cuidado incorpora la mitad de las claras a la mezcla de chocolate, de nuevo mezclando poco a poco para mantenerlas aireadas. Una vez incorporada la primera mitad, haz lo mismo con el resto.

Vierte la masa en el molde y extiéndela bien hasta las esquinas.

Cuece durante 20 minutos.

Saca el bizcocho del horno y deja que repose unos minutos antes de desmoldarlo. Dispón una hoja de papel vegetal o un trapo limpio sobre la superficie de trabajo y espolvorea con azúcar. Vuelca el bizcocho sobre el papel o trapo y retira el papel vegetal pegado a su base. Aún caliente, enrolla el bizcocho por la parte más corta, ayudándote con el papel o trapo. Reserva y deja enfriar por completo.

Mientras, prepara la crema de mantequilla. Funde el chocolate en un bol colocado sobre una olla con agua hirviendo, sin que el fondo del bol toque el agua. Una vez derretido, retira el bol del calor y deja templar.

---

1 hora 20 minutos
8 raciones

Preparación – 15 minutos
Cocción – 20 minutos
Enfriamiento – 30 minutos
Montaje – 15 minutos

En otro bol, bate la mantequilla con el azúcar glas hasta que quede esponjoso y pálido, luego añade el chocolate fundido y la vainilla y mézclalo para que quede ligero y lustroso.

Desenrolla el bizcocho y extiende una fina capa de crema de mantequilla en su interior, y enróllalo de nuevo lo más prieto posible (si se rompe no pasa nada porque lo cubrirás con crema de mantequilla).

Coloca el tronco sobre una tabla y con una espátula o un cuchillo romo recúbrelo con el resto de crema de mantequilla. Crea un diseño tradicional rallándolo con un tenedor para simular la corteza de un tronco de madera. Tamiza azúcar glas o cacao en polvo por encima para decorarlo.

Pudin navideño

Las recetas de mamá, como esta, son siempre las mejores. Este pudin de Navidad es húmedo y se desmiga. Uno de los detalles importantes es usar pan rallado fresco para dar una deliciosa textura. Es recomendable preparar el pudin con 2-3 meses de antelación para que la fruta madure. No olvides pensar un deseo mientras remueves los ingredientes: un año es muy largo para esperar la próxima oportunidad.

50 g (2 oz) de almendras peladas
1 manzana Bramley grande
300 g (10 ½ oz) de ciruelas pasas
100 g (3 ½ oz) de fruta confitada
400 g (14 oz/3 ¼ tazas) de pasas
400 g (14 oz/3 ¼ tazas) de grosellas
140 g (4 ½ oz/¼ de taza generosa) de harina blanca
100 g (3 ½ oz/1 ¼ tazas) de migas de pan fresco
100 g (3 ½ oz/½ taza) de azúcar moreno blando oscuro
½ nuez moscada, rallada
1 cucharada de especias para recetas dulces
3 huevos grandes
2 cucharadas de brandy o coñac, y un poco más para flambear
250 g (9 oz/2 tazas) de manteca de cerdo rallada (o manteca vegetal congelada rallada)
mantequilla sin sal, ablandada, para engrasar

Empieza preparando la fruta y los frutos secos: trocea bastamente las almendras. Pela y trocea la manzana en dados de 5 mm (¼ in) (no hace falta que sean perfectos, pero más o menos del mismo tamaño). Trocea bastamente las ciruelas del mismo tamaño. Si la fruta confitada viene en tiras, pícala: no es necesario si ya viene en daditos.

Añade todos los ingredientes excepto la manteca a un bol grande. Remueve con un par de vueltas. Añade la manteca en tercios, removiendo bien antes de seguir. Mézclalo todo unos minutos hasta que la manteca se haya distribuido bien.

Unta con mantequilla ablandada dos flaneras de 1,2 litros (4 ¾ tazas) y forra las bases con sendos círculos de papel vegetal.

Llénalas con la mezcla, presionándola un poco.

Cubre las flaneras con otros dos círculos de papel vegetal algo mayores que el molde para fijar el papel alrededor del mismo con cuerda. Puedes añadir otro círculo de papel de aluminio encima y fijarlo con cuerda o envolver el molde entero a modo de paquete.

Coloca las flaneras dentro de una olla grande con tapa. Llena la olla con agua hasta tres cuartas partes de la altura de las paredes de los moldes. Cuece al vapor a fuego medio-lento durante 8 horas. Es posible que debas ir añadiendo agua.

Retira la olla del fuego, con cuidado saca las flaneras y deja templar toda la noche.

Una vez fríos los pudines, retira el papel de aluminio y vegetal. Envuélvelos con una nueva capa de papel vegetal y de aluminio, y átala con cuerda. Consérvalos en un lugar fresco y seco hasta su consumo.

Para servir, hierve o cuece al vapor cada pudin durante 1 hora y vuélcalos sobre una bandeja. Si lo deseas, flambea el pudin con una cucharada de ron o brandy.

---

8 ½ horas + una noche de reposo + 1 hora de cocción final
Salen 2 pudines

Preparación - 30 minutos
Cocción - 8 horas
Enfriamiento - toda la noche
Acabado - 1 hora

Pudin de panettone

No hay pan que represente mejor las Navidades que el panettone. Este pudin es una buena manera de aprovecharlo cuando sobre. Este libro no contiene una receta de panettone, pero en Navidad se pueden comprar panettone artesanos de calidad ideales para este pudin.

60 g (2 oz) de mantequilla sin sal, en dados
1 panettone comprado (de unos 500 g/1 lb 2 oz)
250 g (1 taza) de nata para montar
250 g (1 taza) de leche entera
4 yemas de huevo
100 g (3 ½ oz/½ taza escasa) de azúcar extrafino
ralladura de ½ naranja
ralladura de ½ limón
una buena pizca de nuez moscada

Unta una fuente grande con la mitad de la mantequilla.

Corta el panettone en rebanadas de 1 cm (½ in) de grosor. Corta las rebanadas por la mitad o en cuartos, según el tamaño del panettone. Disponlas en capas en la fuente.

En un bol grande, bate la nata, la leche, las yemas, el azúcar, las ralladuras y la nuez moscada.

Vierte esta mezcla sobre las rebanadas, mojando bien todo el panettone. Deja que el pudin se empape durante 30 minutos.

Mientras, precalienta el horno a 160 °C con ventilador (350 °F/gas 4).

Reparte el resto de la mantequilla por encima y hornea el pudin durante 35 minutos hasta que se dore y los bordes caramelicen.

Deja templar el pudin 30 minutos.

Sirve con crema inglesa o (venga, va) un poco de nata, si todavía te cabe.

1 hora 45 minutos
6 raciones

Preparación – 10 minutos
Reposo – 30 minutos

Cocción – 35 minutos
Enfriamiento – 30 minutos

Galette des Rois

Típica del día de Reyes en Francia, la preparamos en la pastelería solo para esta festividad. Figurita y corona incluidas, para que la experiencia sea auténtica. La decoración más habitual es una espiral geométrica clásica, aunque existen creaciones muy elaboradas. En esencia, se trata de una receta sencilla, pero constituye un elemento central de la mesa del día de Reyes.

600 g (1 lb 5 oz) de masa de hojaldre (véanse las páginas 134-137)
harina blanca, para espolvorear
1 huevo, batido
400 g (14 oz) de franchipán (página 111)

Extiende la masa sobre una superficie enharinada para formar un gran círculo de 4 mm (¼ in) de grosor. Acuérdate de darle la vuelta a la masa y enharinarla al extenderla, para que no se pegue.

Si preparas galettes individuales, corta cuatro discos de 10 cm (4 in) con un cortapastas, y luego cuatro más de 12 cm (5 in).

Si preparas una galette grande, corta dos discos con ayuda de dos moldes, de 26 cm (10 in) y 30 cm (12 in).

Dispón el franchipán en el centro de los discos pequeños y, con cuidado, aplánalo un poco. Coloca los discos grandes encima y con suavidad mete la capa superior por debajo de la base, creando un cierre limpio.

Ponlos sobre una bandeja de horno forrada, luego cúbrelos y refrigéralos 2-3 horas.

Precalienta el horno a 180 °C con ventilador (400 °F/gas 6).

Pinta la galette con huevo batido. Debes glasear la masa antes de marcarla para que el dibujo sea preciso. Con un cuchillo afilado, crea el dibujo elegido.

Hornea durante 25-28 minutos si son galettes pequeñas o 30-32 si es una grande, hasta que queden doradas y bien cocidas.

Sírvelas con nata muy espesa para un postre exquisito.

2¾-4 horas
Sale 1 grande o 4 pequeñas

Preparación - 15 minutos
Refrigeración - 2-3 horas
Cocción - 25-30 minutos

Dulces de Navidad

diez

Mermeladas y conservas

Mermelada de naranja sevillana

Somos afortunados de estar ubicados en el mercado de Borough, donde abundan los productos de temporada. Cada año, preparo una buena cantidad de mermelada en cuanto llega la primera entrega de naranjas sevillanas, hacia finales de enero. Hay muchas variedades, pero nada como la amarga sevillana, por eso te aconsejo que te acerques al mercado, si puedes.

750 g (1 lb 10 oz) de naranjas sevillanas (si puedes conseguirlas)
1 limón
1,5 kg (3 lb 5 oz/7 ½ tazas) de azúcar (extrafino, granulado o azúcar gelificante)
1 litro (4 tazas) de agua

Paso 1

Añade las naranjas y el limón enteros a una olla grande y cúbrelos con suficiente agua para que queden sumergidos. Pon la olla a fuego fuerte y lleva a ebullición, luego baja a fuego medio, tapa la olla y cuece 2 horas.

Retira la olla del calor y deja que las frutas se enfríen en el agua.

Paso 2

Una vez frías, saca las frutas del agua y escúrrelas en un colador. En este punto estarán bastante blandas. Córtalas por la mitad y con una cuchara retira la pulpa, semillas incluidas, y añádela a una olla. Reserva las cáscaras.

Añade el azúcar y el agua en la medida indicada (o bastante para cubrir el azúcar) a la olla con la pulpa de las frutas. Remueve, luego deja que el contenido hierva a fuego fuerte. Cuece la pulpa unos 40 minutos hasta que alcance 105 ºC (221 ºF) medidos con un termómetro para azúcar.

Mientras, con un cuchillo afilado corta las pieles de naranja y limón en tiras finas.

Cuando la pulpa alcance la temperatura, retírala del fuego y, con cuidado, cuélala sobre un bol grande. Con el dorso de un cucharón, presiona la pulpa sobre el colador.

Devuelve la mezcla colada a la olla con todas las tiras de cáscara. Llévalo a ebullición a fuego medio-alto y luego pon la mezcla a 105 ºC (221 ºF), removiendo con frecuencia para que no se queme ni se pegue.

Cuando la mermelada esté lista, viértela en tarros esterilizados (véase la página 13) y ciérralos con las tapas. Puedes servirte de un cucharón o una jarra para llenar los tarros. Se conserva en el frigorífico hasta 3 meses.

---

4 ½ horas
Salen 3 tarros de 330 g (11 oz)

Paso 1
Preparación – 2 minutos
Cocción – 2 horas
Enfriamiento – 1 hora

Paso 2
Preparación – 30 minutos
Cocción – 1 hora

Mermeladas clásicas

La mejor mermelada se elabora con fruta de temporada recién recogida. Eso no siempre es posible, de modo que las bayas frescas van genial y las congeladas son un buen sustituto. Las mejores opciones con las frambuesas, moras y arándanos, porque todos poseen bastante acidez natural. Como esta mermelada no contiene conservantes, hay que guardarla en el frigorífico.

500 g (1 lb 2 oz/4 tazas) de frambuesas (o frutos rojos al gusto)
450 g (1 lb/2 tazas) de azúcar extrafino
zumo de 1 limón
5 g (1 cucharadita) de pectina en polvo (o ½ manzana, véase la página siguiente)

Pon un plato en el frigorífico o el congelador para enfriarlo.

Añade todos los ingredientes de la mermelada a un cazo de base gruesa a fuego medio y mézclalos. Una vez disuelto el azúcar, lleva a ebullición, luego baja el fuego y cuece 5 minutos para que espese.

Para saber si la mermelada ha alcanzado su punto, dispón 1 cucharadita en el plato enfriado. Deja que se enfríe, luego pasa el dedo. Si queda una marca y la mermelada no la vuelve a cubrir, está lista.

Otra opción es el uso de un termómetro digital para medir la temperatura de la mermelada mientras hierve. Estará lista cuando alcance los 105 ºC (221 ºF).

Retira el cazo del fuego y deja templar 10 minutos, luego remueve para incorporar la espuma superficial en la mermelada y viértela en tarros esterilizados calientes (véase la página 13). Se conserva en el frigorífico hasta 3 meses.

30 minutos
Salen 2 tarros de 330 g (11 oz)

Preparación - 5 minutos
Cocción - unos 10 minutos
Enfriamiento - 10 minutos

Mermeladas y conservas

Consejos

- Para hacer mermelada sin pectina, ralla ½ manzana con piel. Añádela al cazo con la fruta, azúcar y zumo de limón, y sigue las instrucciones indicadas arriba.

- Si quieres preparar mermelada de fresas, es aconsejable reducir la cantidad de azúcar a 400 g (14 oz/1 ¾ tazas), porque las fresas ya son dulces de por sí.

Fruta confitada

Es típica de Navidad, pero nos gusta incluirla como ingrediente en nuestras recetas de repostería todo el año. Aporta una maravillosa nota cítrica a los dulces.

1 naranja o azamboa, en rodajas de 5 mm (¼ in)
1 limón (mejor una variedad de cáscara gruesa), en rodajas de 5 mm (¼ in)
725 g (1 lb 9 ½ oz/3 tazas generosas) de azúcar extrafino
500 g (2 tazas) de agua
500 g (1 lb 2 oz) de tallos de angélica china (si puedes conseguirlos), en rodajas finas

Lleva e ebullición una olla grande llena de agua. Añade las rodajas de cítricos al agua y cuece unos minutos.

Escurre y refréscalas enseguida en agua fría (así conservarán su color y se detendrá la cocción).

Añade 500 g (1 lb 2 oz/2 tazas generosas) del azúcar y el agua a la olla vacía, llévalo a ebullición y baja el fuego. Añade las rodajas de fruta a la olla con el sirope y cuece lentamente unos 10 minutos.

Retira del fuego y deja que la fruta se enfríe en el sirope.

Una vez fría del todo, añade a la olla 75 g (⅓ de taza) del azúcar restante y lleva de nuevo a ebullición, luego cuece 1 minuto. Retira del fuego y deja enfriar.

Una vez frío, repite este paso, añadiendo 75 g (⅓ de taza) más de azúcar.

Completa este paso una última vez, con los últimos 75 g (⅓ de taza) de azúcar.

Cuando esté frío, pásalo a un recipiente hermético. La fruta confitada en el sirope se conserva hasta 3 meses en el frigorífico. El sirope sobrante puede aprovecharse par glasear pasteles.

5 horas
Salen 20-30 rodajas, o más si se usa angélica

Preparación – 10 minutos
Cocción – 15 minutos

Enfriamiento – 1 hora
+ 3 pasos de 5 minutos de cocción y 1 hora de enfriamiento

Compota de cerezas

Puede prepararse con cerezas congeladas y tratarse igual que si fuera mermelada. Nos gusta seguir la tradición y dejarla con tropezones, pero si vas a usarla para un pastel o pudin, tritúrala para hacerla puré. En invierno, le añadimos clavos de olor y canela en rama para conseguir una compota más especiada.

500 g (1 lb 2 oz/2 ½ tazas) de cerezas frescas (o congeladas), sin hueso
400 g (14 oz/1 ¾ tazas) de azúcar extrafino
50 g (3 cucharadas) de zumo de limón
1 vaina de vainilla
5 g (1 ½ cucharaditas) de pectina en polvo (o ½ manzana, véase elaboración)

Pon un plato en el frigorífico o el congelador para enfriarlo.

Añade todos los ingredientes de la compota a un cazo de base gruesa a fuego medio y mézclalos. Una vez disuelto el azúcar, lleva a ebullición, luego baja el fuego y cuece 20 minutos para que espese.

Para saber si la mermelada ha alcanzado su punto, dispón 1 cucharadita en el plato enfriado. Deja que se enfríe, luego pasa el dedo. Si queda una marca y la compota no la vuelve a cubrir, está lista.

Otra opción es el uso de un termómetro digital para medir la temperatura de la compota mientras hierve. Estará lista cuando alcance los 105 ºC (221 ºF).

Retira el cazo del fuego y deja templar 10 minutos, luego retira la vaina de vainilla y vierte la compota en tarros esterilizados calientes (véase la página 13). Se conserva en el frigorífico hasta 3 meses.

Para prepararla sin pectina

Ralla ½ manzana con piel. Añádela al cazo con la fruta, azúcar y zumo de limón, y sigue las instrucciones indicadas arriba.

40 minutos
Salen 2 tarros de 330 g (11 oz)

Preparación - 10 minutos
Cocción - unos 20 minutos
Enfriamiento - 10 minutos

Mermeladas y conservas

Compota de manzana especiada

Es un clásico de las tablas de quesos, pero también puede usarse como base de una tarta de franchipán o para añadir a unas torrijas, granola con yogur o lo que se te antoje. Es una de esas cosas que todos deberíamos tener en la despensa.

4 manzanas: 2 Bramley y 2 Granny Smith, peladas, descorazonadas y en dados de 5 mm (¼ in)
100 g (3 ½ oz/½ taza) de azúcar (cualquier variedad, pero el moreno claro va muy bien)
zumo de 1 limón
1 clavo de olor

Añade todos los ingredientes de la compota a un cazo de base gruesa a fuego medio y mézclalos. Tapa el cazo y cuece a fuego lento 30 minutos para que espese. Remueve de vez en cuando para que no se pegue.

Retira del calor y deja enfriar por completo. Retira el clavo.

Puedes dejar la compota con tropezones o triturarla para que quede fina.

Se conserva refrigerada en un recipiente hermético o tarros esterilizados (véase la página 13) hasta 1 mes.

1 hora
Salen 2 tarros de 330 g (11 oz)

Preparación – 10 minutos
Cocción – 30 minutos
Enfriamiento – 20 minutos

Chutney de manzana y mango

El chutney es un condimento delicioso que se conserva fenomenal. Con unos pocos ingredientes sencillos se completa una comida espectacular. Con unas rebanadas de pan de masa madre recién hecho, unos quesos y embutidos y una buena ración de este chutney, prepara un sensacional almuerzo frío lleno de sabor.

20 ml (1 ½ cucharadas) de aceite de colza
500 g (1 lb 2 oz) de manzanas para cocer, peladas, descorazonadas y troceadas
1 mango, pelado, deshuesado y troceado
50 g (2 oz) de jengibre confitado, picado
125 g (4 oz/⅔ de taza) de azúcar moreno blando claro
125 g (½ taza) de vinagre de sidra
125 g (½ taza) de agua
¾ de cucharadita de sal marina fina
½ cucharadita de semillas de comino negro
½ cucharadita de jengibre molido
½ cucharadita de cardamomo molido
½ cucharadita de clavo molido
½ cucharadita de canela molida
1 hoja de laurel

Calienta el aceite en un cazo grande a fuego medio. Añade la manzana y el mango y cocínalos unos 5 minutos.

Añade el resto de ingredientes y cuécelo todo a fuego lento, removiendo de vez en cuando, hasta que el líquido quede casi evaporado, unos 50 minutos. Sube el fuego y sigue removiendo durante 5 minutos más para que la mezcla espese.

Retira del fuego y deja enfriar, luego llena los tarros esterilizados con el chutney (véase la página 13) y ciérralos bien.

Se conserva en el frigorífico hasta 1 mes.

2 horas 15 minutos
Salen 2 tarros de 330 g (11 oz)

Preparación - 15 minutos
Cocción - 1 hora
Enfriamiento - 1 hora

Pepinillos en vinagre

El encurtido ideal para incluir en un bocadillo de jamón u otros embutidos, tan versátil que se puede tomar como desayuno, almuerzo o cena.

1 kg (2 lb 4 oz) de pepinos (la variedad libanesa es perfecta), en rodajas de 1 cm (½ in)
1 cebolla mediana, en rodajas gruesas
60 g (2 oz/½ taza) de sal marina en escamas
500 g (2 tazas) de vinagre de sidra
400 g (14 oz/1 ⅔ tazas) de azúcar extrafino
½ cucharadita de cúrcuma molida
1 cucharada de semillas de comino
1 cucharada de granos de mostaza amarilla o parda
6 granos de pimienta enteros
unas ramitas de eneldo fresco (opcional)

Añade los pepinos, la cebolla y la sal a un bol grande y mézclalos para que la sal condimente bien los ingredientes. Dispón la mezcla en un colador de malla fina apoyado sobre el bol. Déjalo en el frigorífico durante 1-2 horas: este proceso favorecerá que el pepino suelte agua y quede crujiente.

Añade el vinagre, el azúcar y las especias a un cazo a fuego medio y llévalo a ebullición; luego baja el fuego y cuece 4-5 minutos.

Retira del fuego y deja templar.

Reparte el pepino y la cebolla entre dos tarros grandes de cristal (de alrededor de 1 kg/4 tazas de capacidad cada uno) presionándolos para que quepan. Si usas, mete también el eneldo en el tarro. Confiere un sabor agradable al encurtido.

Añade la mezcla de vinagre y cierra los tarros. Consérvalos en el frigorífico. Deja reposar los pepinillos al menos un día antes de probarlos. Se conservan bien hasta 2 semanas refrigerados.

---

1 hora 20 minutos + al menos
1 día de reposo
Salen 2 tarros de 1kg (4 tazas)

Preparación - 15 minutos
Refrigeración - 1-2 horas
Cocción - 5-6 minutos
Reposo - al menos 1 día

Mermeladas y conservas

Mermelada de cebolla morada

Es un clásico de despensa. Un complemento delicioso para acompañar quesos, tarrinas o pan tostado.

40 ml (2 ½ cucharadas) de aceite de colza
1 kg (2 lb 4 oz) de cebolla morada, en láminas
250 g (9 oz/1 ⅓ tazas) de azúcar moreno oscuro
250 ml (1 taza) de vinagre de vino tinto
250 ml (1 taza) de agua
15 g (2 ¼ cucharaditas) de sal fina
10 ramitas de tomillo, las hojas
1 hoja de laurel

Calienta el aceite en un cazo grande a fuego medio. Añade la cebolla y cocina hasta que se ablande sin dorarse, unos 15 minutos.

Añade el resto de ingredientes y cuécelo todo a fuego lento hasta que el líquido quede casi evaporado, unos 50 minutos. Sube el fuego y sigue removiendo hasta que la mezcla espese.

Retira del fuego y deja enfriar, luego llena los tarros esterilizados con la mermelada (véase la página 13) y ciérralos bien.

Se conserva en el frigorífico hasta 1 mes.

2 horas 15 minutos
Salen 3 tarros de 330 g (11 oz)

Preparación - 10 minutos
Cocción - alrededor de 1 hora
Enfriamiento - 1 hora

Relleno mincemeat Bread Ahead

Puedes prepararlo hasta con tres meses de antelación, ya que se conserva fenomenal y mejora con el tiempo. A mí me gusta ir jugando con las especias cada año para variar. Una vez, le puse un poco más de clavo molido y quedó espectacular.

125 g (4 oz) de manzanas para cocer, peladas, descorazonadas y troceadas pequeñas
125 g (4 oz/1 taza) de pasas sultanas
125 g (4 oz/¾ de taza) de grosellas
125 g (4 oz/1 taza) de pasas
125 g (1 lb 2 oz/4 ½ tazas) de manteca de cerdo rallada (o manteca vegetal congelada rallada)
125 g (4 oz/⅔ de taza) de azúcar moreno blando claro
35 g (1 ¼ oz/⅓ de taza) de almendras en láminas o troceadas
1 ½ cucharaditas de especias para recetas dulces
½ cucharadita de canela molida
½ cucharadita de nuez moscada
ralladura y zumo de 1 limón
ralladura y zumo de 1 naranja
60 ml (4 cucharadas) de brandy (opcional)
1 cucharada de ron oscuro (opcional)

Día 1

Añade todos los ingredientes, excepto el brandy y el ron, si los usas, en un bol grande y mézclalos. Cubre y deja reposar toda la noche en un lugar fresco (pero no el frigorífico).

Día 2

Precalienta el horno a 120 °C (100 °C con ventilador/gas ¼). Forra una fuente honda y grande con papel vegetal.

Dispón toda la mezcla del relleno en la fuente y hornéala 1 hora, removiendo cada 20 minutos.

Retira del horno y deja enfriar unos 30 minutos.

Incorpora el brandy y el ron, si los usas, y llena unos tarros esterilizados con la mezcla (véase la página 13). Se conserva en un lugar fresco y oscuro hasta 3 meses.

---

2 días
Sale suficiente para rellenar 12 tartaletas

Día 1
Preparación - 10 minutos
Reposo - toda la noche

Paso 2
Cocción - 1 hora
Acabado - 45 minutos

Índice

A
aceitunas: pissaladière 34
ajo: cruasanes de tomate y ajo 170-173
albaricoques: pudin de tofe 235
almendras
    crumble de manzana 230
    galette des Rois 264
    napolitana de praliné 160
    pithivier de chocolate 148-151
    pithivier de fruta 151-153
    pudin navideño 261
    relleno mincemeat Bread Ahead 281
    roscón de Reyes (rosca de Pascua) 98
    stollen 254
    tarta Bakewell 110-111
    tarta de melaza 120
amasado 18-20
anchoas: pissaladière 34
arándanos rojos: galletas de choco blanco y arándanos rojos 224
avellanas
    galletas de choco y avellanas 224
    napolitana de praliné 160
    pastel Madeira 198
avena
    barra multicereales con hinojo 62-63
    centeno con semillas 58-61
    masa madre con gachas 54-57

B
barra multicereales con hinojo 62-63
bizcochos
    de zanahoria 204
    marmoleado 201
    Victoria 194-197
bollos
    bollos belgas 92-97
    bollos de brioche con crema pastelera 88
    bollos de leche 36-39
    panecillos de pascua 90
    rollitos babka 162-165
    rollitos de azafrán 166-169
    rollos de canela con crema 80-83
brazo de gitano 208
brioche
    bollos de brioche con crema pastelera 88
    brioche de molde 84-87

C
cafloutis de cereza 246
calabaza
    dónuts de calabaza 188-189
    tarta de calabaza 124-126
caramelo: crème caramel 248
cassata siciliana 214-215
cebolla
    mermelada de cebolla morada 280
    pissaladière 34
cerezas
    clafoutis de cerezas 246
    compota de cerezas 274
    tarta Selva Negra 210-213
challah 76-79
chapata fácil 32
chocolate
    bizcocho marmoleado 201
    cassata siciliana 214-215
    galletas de choco blanco y arándanos rojos 224
    galletas de choco y avellanas 224
    galletas de chocolate 220
    galletas de chocolate y plátano 223
    pan babka 72-75
    pithivier de chocolate 148-151
    rollitos babka 162-165
    tarta de chocolate 116-118
    tarta Selva Negra 210-213
    tronco de Navidad 258-259
ciruelas pasas
    pastel de fruta navideño 256-257
    pudin navideño 261
cocción en blanco 104
compotas
    compota de cerezas 274
    compota de manzana especiada 276

crema
   crema de vainilla 144-147
   crème caramel 248
   dónuts de crema de pistacho 190
   dónuts de crema de vainilla 182
   pudin reina 238-241
   rollitos de canela con crema 80-83
   tarta de crema 114, 119
crema agria: tarta de arándanos 112
crema de limón
   bollos belgas 92-97
   dónuts de crema de limón 186-187
crema pastelera
   bollos de brioche con crema pastelera 88
   dónuts de calabaza 188-189
   dónuts de crema de vainilla 182
   dónuts Eton Mess 184-185
   pithivier de chocolate 148-151
crème caramel 248
cruasanes salados 170-173
crumpets 42

D
dátiles: pudin de tofe 235
dónuts 176-191
   dónuts básicos 178-81
   dónuts de calabaza 188-189
   dónuts de crema de limón 186-187
   dónuts de crema de pistacho 190
   dónuts de crema de vainilla 182
   dónuts Eton Mess 184-185
dulces de Navidad 250-265
   galette des Rois 264
   pastel de fruta navideño 256-257
   pudin de panettone 263
   pudin navideño 261
   stollen 254
   tartaletas mince pie 253
   tronco de Navidad 258-259

E
empanadillas de lentejas 154
espinacas
   cruasanes de espinacas con queso 170-173
   pasta de espinacas y feta 174
   tarta de parmesano y espinacas 130
esterilizar tarros de cristal 13
Eton Mess, dónuts 184-185

F
fácil, chapata 32
fácil, focaccia 28-31
feta: pasta de espinacas y feta 174
flan: crème caramel 248
focaccia fácil 28-31
frambuesas
   brazo de gitano 208
   mermelada de frambuesa 270
   milhojas 144-147
   pudin reina 238-241
franchipán
   galette des Rois 264
   napolitana de praliné 160
   pithivier de chocolate 148-151
   pithivier de fruta 151-153
   tarta Bakewell 110-111
fresas: dónuts Eton Mess 184-185
fruta
   pastel de fruta navideño 256-257
   pastel Simnel 216
   pasteles de fruta
   pithivier de fruta 151-153
fruta confitada 273
   cassata siciliana 214-215
   panecillos de pascua 90
   pastel de fruta navideño 256-257
   pastel Madeira 198
   pudin navideño 261
   roscón de Reyes (rosca de Pascua) 98
   stollen 254

G
galette des Rois 264
galletas 218-227
   galletas de choco blanco y arándanos rojos 224
   galletas de choco y avellanas 224
   galletas de chocolate 220
   galletas de chocolate y plátano 223
   galletas de mantequilla francesas 226
   palets bretons 226
grosellas
   pastel de fruta navideño 256-257
   pastelitos de Eccles 138
   pudin navideño 261
   pudin Spotted Dick 232
   relleno mincemeat Bread Ahead 281
   stollen 254
guindas
   bollos belgas 92-97
   pastel de fruta navideño 256-257
   pastel Madeira 198

H
harina 11
harina de alforfón: tarta de alforfón con setas 127-129
hierbas culinarias
   cruasanes de setas con hierbas 170-173
   empanadillas de lentejas 154
   tarta de alforfón con setas 127-129
hinojo, barra multicereales con 62-63
hojaldre, masa de
   cómo laminar la masa 134-137
   empanadillas de lentejas 154
   empanadillas de manzana 141
   galette des Rois 264
   milhojas 144-147

pastelitos de Eccles 138
pithivier de chocolate 148-151
pithivier de fruta 151-153
tarta Tatin 142
huevos 11
crema de vainilla 144-147
crème caramel 248
pudin reina 238-241

I
ingredientes 10, 11

J
jengibre
bizcocho de jengibre 203
chutney de manzana y mango 277

K
kirsch: tarta Selva Negra 210-213

L
leche 11
bollos de leche 36-39
limones
fruta confitada 273
tarta de limón 122

M
mango: chutney de manzana y mango 277
manteca
pudin de mermelada al vapor 245
pudin navideño 261
pudin Spotted Dick 232
relleno mincemeat Bread Ahead 281
rollo de mermelada 236
mantequilla 11
palets bretons 226
manzanas
chutney de manzana y mango 277
compota de manzana especiada 276
crumble de manzana 230
empanadillas de manzana 141
pudin de manzana 242
relleno mincemeat Bread Ahead 281
tarta de manzana 108-109
tarta Tatin 142
masa 10
masa con levadura 17-43
masa enriquecida 70-99
masa con levadura 17-43
bollos de leche 36-39
chapata fácil 32
crumpets 42

focaccia fácil 28-31
pan blanco de molde 23-24
pan integral de molde 25-26
pissaladière 34
masa de cruasán
cruasanes básicos 156-159
cruasanes de espinacas con queso 170-173
cruasanes de setas con hierbas 170-173
cruasanes de tomate y ajo 170-173
cruasanes salados 170-173
pasta de espinacas y feta 174
rollitos babka 162-165
masa de hojaldre 132-75
cruasanes básicos 156-159
cruasanes salados 170-173
empanadillas de lentejas 154
empanadillas de manzana 141
masa de hojaldre 134-137
milhojas 144-147
napolitana de praliné 160
pasta de espinacas y feta 174
pastelitos de Eccles 138
pithivier de chocolate 148-151
pithivier de fruta 151-153
rollitos babka 162-165
rollitos de azafrán 166-169
tarta Tatin 142
masa enriquecida 70-99
bollos belgas 92-97
bollos de brioche con crema pastelera 88
brioche de molde 84-87
challah 76-79
pan babka 72-75
panecillos de pascua 90
rollos de canela con crema 80-83
roscón de Reyes (rosca de Pascua) 98
masa madre 44-69
barra multicereales con hinojo 62-63
centeno con semillas 58-61
masa madre con gachas 54-57
masa madre con patata y romero 68-69
masa madre inicial 45-46
masa madre integral fácil 48
pan de pasas 64-67
pan integral de molde 50-53
masa quebrada 104
tarta de parmesano y espinacas 130
masa quebrada azucarada 104
tarta de chocolate 116-118
tarta de crema 114, 119
tarta de limón 122
tarta de melaza 120
mazapán
cassata siciliana 214-215
pastel de fruta navideño 256-257
pastel Simnel 216
stollen 254
merengues
dónuts Eton Mess 184-185
pudin reina 238-241
mermelada
bizcocho Victoria 194-197
brazo de gitano 208
mermelada de cebolla morada 280
mermelada de frambuesa 270

mermelada de naranja sevillana 269
mermelada de naranja sevillana 269
pudin de mermelada al vapor 245
pudin reina 238-241
rollo de mermelada 236
tarta Bakewell 110-111
milhojas 144-147
moldes, forrar 104

N
napolitana de praliné 160
naranjas
fruta confitada 273
mermelada de naranja sevillana 269
nata 11
brazo de gitano 208
dónuts de calabaza 188-189
dónuts de crema de pistacho 190
dónuts Eton Mess 184-185
milhojas 144-147
pudin de panettone 263
tarta Selva Negra 210-213
nueces
bizcocho de zanahoria 204
pastel de fruta navideño 256-257

P
palets bretons 226
pan babka 72-75
pan blanco de molde 23-24
pan de centeno: centeno con semillas 58-61
pan integral
masa madre integral 48
pan integral de molde 25-26
pan integral de molde 50-53
panecillos de pascua 90
panes 14-69
centeno con semillas 58-61
crumpets 42
chapata fácil 32
focaccia fácil 28-31
masa madre integral fácil 48
pissaladière 34
masa madre 44-69
masa con levadura 17-43
bollos de leche 36-39
pan integral de molde 50-53
masa madre con gachas 54-57
barra multicereales con hinojo 62-63
pan de pasas 64-67
masa madre con patata y romero 68-69
pan blanco de molde 23-24
pan integral de molde 25-26
pasas
pan de pasas 64-67
pastel de fruta navideño 256-257
pudin navideño 261
pudin Spotted Dick 232
relleno mincemeat Bread Ahead 281
stollen 254

pasas sultanas
bollos belgas 92-97
panecillos de pascua 90
pastel de fruta navideño 256-257
relleno mincemeat Bread Ahead 281
pasteles 192-216
bizcocho de jengibre 203
bizcocho de plátano 207
bizcocho de zanahoria 204
bizcocho marmoleado 201
bizcocho Victoria 194-197
brazo de gitano 208
cassata siciliana 214-215
pastel de fruta navideño 256-257
pastel Madeira 198
pastel Simnel 216
tarta Selva Negra 210-213
tronco de Navidad 258-259
pastelitos de Eccles 138
pepino: pepinillos en vinagre 278
pissaladière 34
pistachos
dónuts de crema de pistacho 190
pastel Madeira 198
pithiviers
pithivier de chocolate 148-151
pithivier de fruta 151-153
plátanos
bizcocho de plátano 207
galletas de chocolate y plátano 223
postres 228-249
praliné, napolitana de 160
pudin
pudin de manzana 242
pudin de mermelada al vapor 245
pudin de panettone 263
pudin de tofe 235
pudin reina 238-241
pudin Spotted Dick 232

Q
queso
cruasanes de espinacas con queso 170-173
pasta de espinacas y feta 174
tarta de alforfón con setas 127-129
tarta de parmesano y espinacas 130
véase también requesón
queso de cabra: cruasanes de espinacas con queso 170-173
queso para untar
bizcocho de zanahoria 204
rollos de canela con crema 80-83

R
relleno mincemeat
relleno mincemeat Bread Ahead 281
tartaletas mince pie 253
repostería 100-130
básicos de repostería 103-107
cruasanes básicos 156-159

cruasanes salados 170-173
empanadillas de lentejas 154
empanadillas de manzana 141
galette des Rois 264
masa de hojaldre 134-137
milhojas 144-147
napolitana de praliné 160
pasta de espinacas y feta 174
pastelitos de Eccles 138
pithivier de chocolate 148-151
pithivier de fruta 151-153
rollitos babka 162-165
rollitos de azafrán 166-169

requesón: cassata siciliana 214-215
rollitos babka 162-165
rollitos de azafrán 166-169
rollos de canela con crema 80-83
romero
    focaccia fácil 28-31
    masa madre con patata y romero 68
ron: relleno mincemeat Bread Ahead 281
roscón de Reyes (rosca de Pascua) 98

S

salsa bechamel: cruasanes salados 170-173
Selva Negra, tarta 210-213
semillas
    barra multicereales con hinojo 62-63
    centeno con semillas 58-61
setas
    cruasanes de setas con hierbas 170-173
    tarta de alforfón con setas 127-129
stollen 254

T

tartas
    galette des Rois 264
    tarta Bakewell 110-111
    tarta de alforfón con setas 127-129
    tarta de arándanos 112
    tarta de calabaza 124-126
    tarta de calabaza 124-126
    tarta de chocolate 116-118
    tarta de crema 114, 119
    tarta de limón 122
    tarta de manzana 108-109
    tarta de melaza 120
    tarta de parmesano y espinacas 130
    tarta Selva Negra 210-214
    tarta Tatin 142
    tartaletas mince pie 253
tofe
    dónuts de calabaza 188-189
    pudin de tofe 235
tomates: cruasanes de tomate y ajo 170-173
tronco de Navidad 258-259

V

vainilla
    crema de vainilla 144-147
    dónuts de crema de vainilla 182
vinagre, pepinillos en 278

Agradecimientos

Quiero dar las gracias a

Nuestros proveedores: Marriage's Millers, cuya dedicación a su labor se evidencia en todo lo que hacen. Son indispensables para Bread Ahead. Campbell, que suministra productos de repostería de calidad: verdadera artesanía. AEG, por su generoso apoyo para que nuestras aulas de repostería sean de primera clase. PG Tips, porque no aguantaríamos los largos turnos de la panadería sin tomar tés.

El equipo de Bread Ahead: los profesores de la escuela y los ayudantes que se esfuerzan para hacer de nuestra escuela lo que es. Sabemos por los comentarios que recibimos de los alumnos lo mucho que valoran a nuestro equipo docente. Chris Malec, por su papel decisivo al crear Bread Ahead tal como hoy lo conocemos (ahora también sabe crear una tremenda masa madre). Y Nadia Ismail, una ninja del marketing y gran repostera.

El equipo editorial: por sus valiosos comentarios y palabras de ánimo, y su ayuda para crear este maravilloso libro. Los diseñadores Evi, Susan y WIlson, por su excelente trabajo. Los fotógrafos Matt y su equipo, Kitty, Jen, Hannah, Valeria y Jo, por crear algo tan bello visualmente: nos sentimos profundamente agradecidos por vuestras ideas y esfuerzo. E Iona Kong, que en muchas ocasiones ha dado vida a nuestros productos con su arte fotográfico: ha sido un placer trabajar contigo.

Nuestros vecinos del mercado Borough, Ginger Pig y Turnips, que comparten nuestra ética por productos de temporada de gran calidad: es una gozada teneros al lado.

También damos las gracias a los propietarios de nuestros locales del mercado Borough, Cadogan, Wembley Park y Quintain Living, por su apoyo a la visión y expansión de Bread Ahead.

Por último, gracias a los fans, seguidores y clientes of Bread Ahead: @triplets_in_my_kitchen, por hacer la repostería casera divertida.

KS de @ks_ate_here, por su constante entusiasmo y cariño por la comida.

Gezza, fan de Bread Ahead desde hace tanto. Admiramos su entusiasmo y dominio de la repostería doméstica.

Slow Food, por ser un ejemplo de cómo deberíamos tratar y respetar la comida, gracias por apoyarnos desde hace años.

Y a todas las personas que se han conectado a una tutoría en directo de IG o un taller virtual, han compartido una foto de sus creaciones y han contribuido al crecimiento de esta comunidad de la que nos enorgullece formar parte.

Gas	°F	°C	°C con ventilador
¼	225	110	90
½	250	120	100
1	275	130/140	110/120
2	300	150	130
3	325	160	140
4	350	170/180	150/160
5	375	190	170
6	400	200/210	180/190
7	425	220	200
8	450	230	210
9	475	240/250	220/230
10	500	240	240

Este libro lo dedico a mi madre,
mi esposa Erika y nuestro hijo
Magnus Francis.

La edición original de esta obra ha sido publicada en
Reino Unido en 2022 por Hardie Grant Books,
sello editorial de Hardie Grant Publishing, con el título

Bread Ahead: The Expert Home Baker

Traducción del inglés
Gemma Fors

Copyright © de la edición española, Cinco Tintas, S.L., 2022
Copyright © del texto, Matthew Jones, 2022
Copyright © de las fotografías, Matt Russell, 2022
Copyright © de las fotografías de las páginas 22, 29, 73, 77,
    202, 205, 234, 252, Iona Kong, 2022
Copyright © de la edición original, Hardie Grant, 2022

Diagonal, 402 – 08037 Barcelona
www.cincotintas.com

Todos los derechos reservados. Bajo las sanciones establecidas
por las leyes, queda rigurosamente prohibida, sin la autorización
por escrito de los titulares del copyright, la reproducción total
o parcial de esta obra, por cualquier medio o procedimiento
mecánico o electrónico, actual o futuro, incluidas las fotocopias
y la difusión a través de internet. Queda asimismo prohibido el
desarrollo de obras derivadas por alteración, transformación
y/o desarrollo de la presente obra.

Primera edición: octubre de 2022

Impreso en China
Depósito legal: B 8243-2022
Código Thema: WBVS
Pastelería, pan, tartas y bollos, masas y hojaldres

ISBN: 978-84-19043-04-7